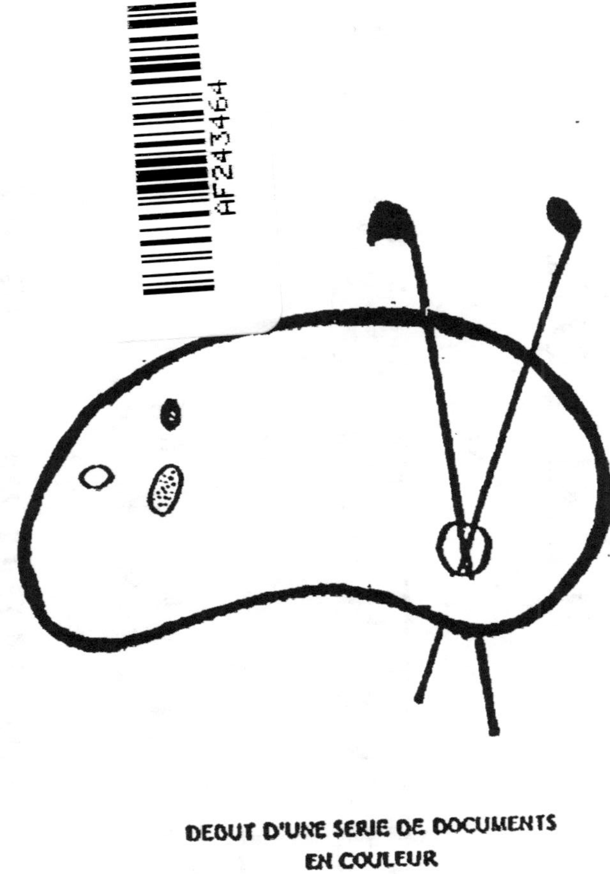

DEBUT D'UNE SERIE DE DOCUMENTS
EN COULEUR

Couverture inférieure manquante

LA FRANCE

ET

L'ANGLETERRE

EN

ÉGYPTE

PAR

ALFRED BOURGUET

AVOCAT A LA COUR D'APPEL DE PARIS

ANCIEN ÉLÈVE DE L'ÉCOLE LIBRE DES SCIENCES POLITIQUES

PARIS

LIBRAIRIE PLON

E. PLON, NOURRIT et Cⁱᵉ, IMPRIMEURS-ÉDITEURS

RUE GARANCIÈRE, 10

1897

Tous droits réservés

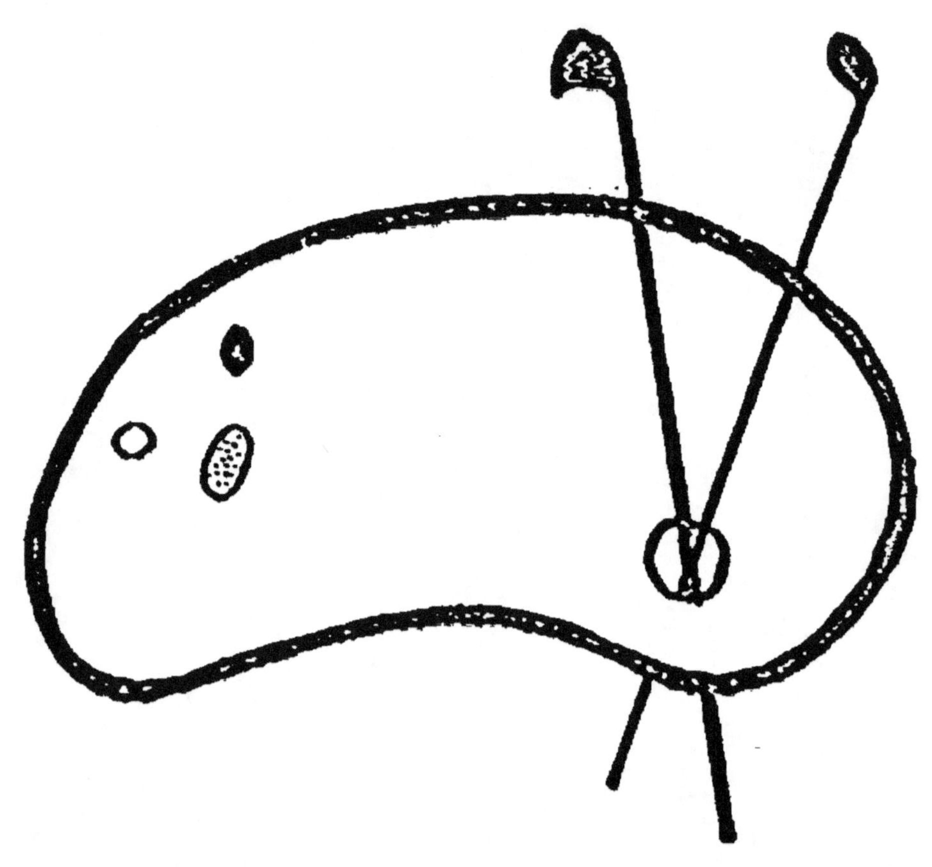

FIN D'UNE SERIE DE DOCUMENTS
EN COULEUR

LA FRANCE

ET

L'ANGLETERRE

EN ÉGYPTE

PARIS. TYP. DE E. PLON, NOURRIT ET Cie, 8, RUE GARANCIÈRE. — 2457.

LA FRANCE

ET

L'ANGLETERRE

EN ÉGYPTE

PAR

ALFRED BOURGUET

AVOCAT A LA COUR D'APPEL DE PARIS

ANCIEN ÉLÈVE DE L'ÉCOLE LIBRE DES SCIENCES POLITIQUES

PARIS

LIBRAIRIE PLON

E. PLON, NOURRIT et Cⁱᵉ, IMPRIMEURS-ÉDITEURS

RUE GARANCIÈRE, 10

—

1897

Tous droits réservés

AVANT-PROPOS

Aux « livres jaunes » publiés sur les affaires égyptiennes je renvoie les lecteurs désireux de compléter leurs renseignements. Pour ceux à qui le temps de cet examen, fastidieux parfois, ferait défaut, il m'a paru intéressant de résumer dans cette étude la marche des événements et la conduite de notre diplomatie.

Mon unique ambition a été de rappeler ou de faire connaître les circonstances dans lesquelles est née la question d'Égypte actuelle afin de placer sous les yeux de chacun les éléments d'un procès encore pendant. Je me suis attaché à laisser claire la source où j'ai puisé mes informations pour que la vérité puisse toujours s'y découvrir.

CHAPITRE PREMIER

ISMAIL PACHA ET LE CONTROLE ANGLO-FRANÇAIS.

C'est sous la forme d'embarras financiers que la question égyptienne s'est posée à nouveau de nos jours. Les dépenses excessives d'Ismaïl Pacha donnaient depuis longtemps à réfléchir aux créanciers de l'Égypte. Entre tous, les Français avaient une situation particulière et qui nécessitait une surveillance plus constante. Aussi M. Waddington, président du Conseil et ministre des affaires étrangères, voyant la répugnance d'Ismaïl Pacha à remplir les obligations contractées envers ses créanciers par les arrangements de novembre 1876, se préoccupa-t-il des mesures à prendre.

Le 28 janvier 1878 il écrivait au marquis d'Harcourt, notre ambassadeur à Londres : « Le gouvernement du khédive réclame aujourd'hui une nouvelle enquête sur l'ensemble de ses ressources et, avec les résultats qu'il en attend, il se fait fort sans doute de démontrer l'exagération des charges qui pèsent sur son trésor. Le consul britannique a exprimé les craintes les plus vives et probablement les mieux fondées sur les périls de cette situation donnant à entendre que les intérêts des créanciers de l'Égypte étaient fort exposés si dans un avenir prochain ils ne trouvaient pas un appui sérieux à l'étranger. »

Le gouvernement français ne se sentait pas toutefois les mains libres. Nous en étions encore à un moment de notre histoire où les souvenirs de 1870 pesaient sur notre diplomatie et devaient la rendre circonspecte. L'amitié puissante qui depuis nous a fait retrouver dans le concert européen la place d'autrefois ne s'était pas manifestée aux yeux de tous et pour la plupart de nos hommes d'état il était bon, avant de rien entreprendre, de savoir dans quelle mesure on pouvait compter sur l'Angleterre. M. Waddington partageait cette manière de voir.

Jusqu'alors le cabinet de Londres avait toujours semblé hostile à une ingérence dans la question financière égyptienne. L'attitude nouvelle de son agent au Caire pouvait surprendre notre ministre, qui voulut connaître les dispositions actuelles du foreign office, ne cachant pas à notre ambassadeur tout le prix qu'il attachait à cette information.

Aux embarras financiers venaient se joindre d'autres difficultés relatives aux procédés administratifs du khédive. Dans toutes ces questions une entente semblait désirable entre les deux gouvernements pour s'élever par des représentations communes contre des abus déplorables. Dès cette époque on voit naître chez M. Waddington la pensée qui dirigera toute sa conduite. — Une intervention diplomatique de la France et de l'Angleterre s'imposera un jour, mais il faudra la faire servir à l'intérêt général. Ces vues élevées, que soutiendront pendant longtemps les divers cabinets français, sont peu du goût de la Grande-Bretagne. Il faudra la stimuler sans cesse jusqu'au jour où, sa décision prise, elle ira droit au but mais saura garder pour elle tous les bénéfices de l'entreprise.

I.

Un télégramme de notre consul général au Caire apprit le 30 janvier à M. Waddington que les projets du khédive suivaient leur cours. Il avait rendu un décret instituant une commission d'enquête sans désigner toutefois les membres qui la composeraient. M. des Michels déclarait que l'impression était mauvaise, Ismaïl Pacha s'en rendit compte sans doute car il tint en suspens la nomination des commissaires.

Il eut un moment l'idée de s'adresser au sultan, « seule autorité, disait-il, devant laquelle il pouvait s'effacer » pour lui demander de fixer lui-même le programme de l'enquête. — Pareille combinaison n'obtint qu'un médiocre succès car on y voyait l'arrière pensée d'échapper à un examen sérieux de la situation financière. Les créanciers du khédive consentaient bien à admettre l'élément égyptien dans la commission qui devait s'y livrer, mais ils voulaient être représentés eux-mêmes et cette exigence était facile à comprendre.

Sur ces entrefaites les notables de la colonie française envoient au cabinet Waddington une pétition où ils exposent les dénis de justice dont ils sont victimes. Les sentences contre les particuliers sont appliquées avec la dernière rigueur, celles contre l'État demeurent lettre morte. Ils demandent l'appui officiel des pouvoirs publics de leur pays pour faire respecter les arrangements internationaux de 1875.

Peu après la cour d'Alexandrie prend une délibération pour dénoncer auprès des puissances le refus du khédive de laisser exécuter les jugements qui condamnent le gouvernement égyptien. Le 26 mars 1878, les Agents d'Angleterre, d'Allemagne et d'Autriche-Hongrie se préparent à renouveler, par une note collective, leurs représentations individuelles à ce sujet et demandent à leur collègue français de s'y associer. M. des Michels sollicite et obtient sans peine du ministre l'autorisation de prendre part à la démarche du corps consulaire.

Cette question juridique ne faisait pas perdre de vue le problème bien plus important des difficultés financières. Les contrôleurs français et anglais demandaient :

1° A vérifier le déficit des recettes dans toutes les branches de revenus et les causes qui avaient amené ces mécomptes ;

2° A examiner les ressources du pays et à apprécier les charges qu'il pouvait supporter ;

3° A étudier les abus et irrégularités dans l'assiette de l'impôt, dans la perception et dans l'époque de recouvrement des taxes.

Pour la commission d'enquête ils auraient accepté la présidence de Gordon Pacha, mais ils insistaient sur la nécessité de lui adjoindre des hommes offrant de sérieuses garanties aux créanciers.

Le 30 mars un décret du khédive décidait que les investigations de la commission d'enquête porteraient *sur tous les éléments de la situation financière en tenant compte des droits légitimes du gouvernement.*

Il la composait ainsi qu'il suit :

MM. de Lesseps, président ; — Rivers Wilson, vice-président ; — Riaz Pacha, Baravelli, Baring, de Blignères, de Kremer, membres.

La présence de M. de Lesseps à la tête de cette commission donnait à l'élément français une importante garantie en même temps qu'elle était un hommage rendu à l'infatigable ardeur de l'homme à qui l'on doit le canal de Suez.

Une des premières mesures prises par la commission d'enquête fut relative à la solde des employés. Elle exigea qu'on l'acquittât régulièrement en s'inspirant de l'idée que le non-paiement des fonctionnaires est absolument incompatible avec le fonctionnement régulier de l'administration.

Dans le courant du mois de mai 1878, elle poursuivit l'examen des créances non liquidées et, pour ne pas prolonger outre mesure la durée de ses travaux à cet égard, elle fixa à deux mois le délai pendant lequel les intéressés pourraient utilement présenter leurs titres.

1.

En août le rapport présenté au nom de la commission établit la responsabilité du khédive quant au déficit évalué à environ dix millions de francs et demanda l'abandon de la totalité des biens des Daïras diverses pour permettre un règlement intégral des dettes non consolidées.

II.

Pour avoir de bonnes finances il était nécessaire de pratiquer à l'avenir une politique plus sage. Mais comment compter sur une volonté aussi vacillante que celle du khédive s'il conservait sa toute puissance. On lui fit comprendre que des modifications étaient nécessaires dans l'administration générale du royaume et qu'elles pouvaient seules donner aux puissances les garanties désirables.

Aussi, le 28 août 1878, Ismaïl Pacha envoya-t-il à Nubar Pacha, qu'il voulait charger du soin de former un ministère, un rescrit, véritable charte de l'organisation nouvelle.

« Au lieu d'un pouvoir personnel, prin-
« cipe actuel du gouvernement de l'Égypte,
« je veux, disait le khédive, un pouvoir
« qui imprime, il est vrai, une direction
« générale aux affaires, mais qui trouve son
« équilibre dans un conseil des ministres.
« En un mot *je veux dorénavant gouverner*
« *avec et par mon Conseil des Ministres.* »

Il fallait pour établir ce pouvoir nouveau l'assentiment de la France et celui
de l'Angleterre qui, en achetant d'Ismaïl
Pacha ses actions du canal de Suez, avait
habilement su acquérir le droit de donner
comme nous son avis au Caire. Tous les
arrangements pris avec le gouvernement
égyptien depuis le commencement de la crise
financière avaient d'ailleurs comme principe
un partage égal d'attributions entre les éléments français et anglais.

M. Waddington s'était assuré de la per-
sistance de cet accord auprès du marquis de
Salisbury qui, le 4 septembre 1878, lui
renouvela, en traversant Paris, les promesses
souvent répétées de son gouvernement. Le
président du Conseil ne faisait pas, en prin-

cipe, d'objection à la combinaison Nubar Pacha. — Mais pour l'accepter et promettre au nouveau ministère un concours qui lui était indispensable il mettait une condition absolue, celle que le portefeuille réservé à un Français serait doté d'attributions suffisamment étendues et donnant au titulaire une situation égale à celle du ministre anglais. Il demeurait, en outre, bien entendu, que le candidat choisi devait avoir l'agrément du gouvernement français. — Le 28 septembre, M. Waddington écrivait : « Je suis prêt à « accorder en faveur de M. de Blignères un « congé dont la demande serait faite par « Nubar Pacha dans les mêmes termes que « pour M. Rivers Wilson. »

Le 14 octobre 1878, un télégramme de M. Waddington à notre consul général en Égypte l'informait que l'accord avec le gouvernement anglais était conclu. Le ministère des Travaux publics, confié à un Français, devait comprendre les canaux, les irrigations, les chemins de fer et les ports. — Une exception avait été faite pour celui d'Alexandrie qui restait dans le ressort du ministre des finances. C'était une concession à la Grande-Bretagne. Il eût mieux valu l'éviter. Pour les chemins de fer on attribuerait au ministre les pouvoirs réservés au khédive par le décret de novembre 1876.

Peu de jours après, M. Rivers Wilson, agissant en vertu des pleins pouvoirs du khédive et au nom du Conseil des ministres, offrait à M. de Blignères le portefeuille des travaux publics dans les conditions convenues par les deux puissances. Rien ne s'opposait plus à l'acceptation du candidat choisi qui reçut du gouvernement français l'autorisation de la donner.

Le nouveau régime égyptien se trouvait établi et M. Waddington déclarait le 22 octobre : « Nubar Pacha peut compter sur notre appui sincère dans l'accomplissement de la tâche si considérable qui s'ouvre devant lui. » C'était une mission délicate pour cet homme d'État obligé de ménager les susceptibilités du khédive et de la nation, en même temps qu'il lui fallait donner des gages à l'Europe. On avait d'ailleurs prévu les difficultés qui pouvaient surgir et pris des précautions pour y parer. Le contrôle établi en novembre 1876 était suspendu, mais, dans le cas où l'un des ministres anglais ou français serait congédié sans un accord préalable, il avait été décidé (et Nubar Pacha avait donné son assentiment) que ce service reprendrait son cours de plein droit.

III.

Un pays ne saurait changer ses mœurs du jour au lendemain. En dépit des innovations constitutionnelles intervenues en Égypte, le khédive conservait une autorité considérable sur les fonctionnaires et les indigènes.

Aussi notre agent au Caire écrivait-il dès le 2 janvier 1879 : « Si le khédive prouve « par son attitude qu'il s'intéresse au succès « du gouvernement il y a lieu d'espérer que « ce gouvernement réussira. Si au contraire « il donne à entendre qu'il désire que le « cabinet échoue, tout porte à croire qu'il « échouera et qu'une nouvelle catastrophe « financière se produira. »

Les inquiétudes étaient légitimes en dépit des protestations intéressées du khédive. A l'entendre ses intentions étaient les plus pures et les plus fermes. Il déclarait bien haut que non seulement il prêterait un appui moral à ses ministres mais encore qu'il les aiderait de toutes les façons aussi souvent que son concours lui serait demandé. Mais le passé pouvait inspirer la méfiance et faire suspecter sa sincérité.

Un décret du 8 janvier prolongea sans limitation de durée l'existence de la commission d'enquête. Il la chargeait de préparer sur toutes les matières qui avaient fait l'objet de ses recherches des projets de lois qu'elle soumettrait au Conseil des ministres. — Créer ainsi une sorte de section financière de Conseil d'État était-ce faire au cabinet égyptien la part d'influence qu'on lui avait promise ou bien la diminuer au contraire? On pourrait plutôt admettre cette dernière interprétation.

En tout cas la situation du ministère n'en demeurait pas moins difficile. Mis en présence d'abus de tous genres et de dépenses excessives pour les ressources régulières du pays il lui fallait trancher dans le vif et s'exposer avec courage à des récriminations violentes. L'une des premières mesures que prit le gouvernement fut de licencier une partie de l'armée qui grevait le budget de charges trop lourdes. — 2,500 officiers furent mis en demi-solde, mais on eut le tort de ne pas leur payer l'arriéré de ce qui était dû. Cette mesure causa parmi eux un mécontement qui, le 18 février 1879, se traduisit par une grave manifestation. Nubar Pacha et M. Rivers Wilson, insultés par plusieurs centaines d'officiers qui demandaient à être payés, furent enfermés dans le ministère des finances. Le khédive, entouré des représentants des principales puissances, n'hésita pas à se rendre immédiatement sur les lieux et dispersa le rassemblement avec l'aide de la troupe. Le côté fâcheux de cet incident (prélude et avant-goût des réclamations futures) était de redonner au vice-roi une autorité morale qui ne devait pas lui déplaire.

Son habileté a pu le faire accuser de l'avoir

provoqué. Une chose certaine est qu'il en profita. La situation demeurait critique, Ismaïl Pacha s'empressa de déclarer qu'il assumait toute la responsabilité du maintien de l'ordre s'il était associé au gouvernement et si Nubar Pacha se retirait.

Le 19 février, sous cette pression morale, Nubar donnait sa démission. Le khédive déclara qu'il présiderait lui-même le Conseil des ministres jusqu'à ce que les gouvernements anglais et français aient fait connaître leurs vues. Il promit cependant de nommer alors un président du Conseil, si on le préférait.

En présence de ces événements M. de Blignères pensa que se retirer du ministère serait nuire à l'influence française. M. Waddington approuva son intention de conserver le portefeuille des Travaux publics et l'engagea à persévérer dans cette résolution.

« *La démission de Nubar Pacha, faisait-il en outre déclarer par notre consul général, n'avait à ses yeux que la valeur d'une question de personnes et ne pouvait pas impliquer un changement de système.* » Il n'en resta d'ailleurs pas là. Auprès des peuples d'Orient plus encore peut-être qu'auprès d'autres, il est bon de manifester ses intentions avec un certain éclat et de les appuyer sur une force réelle. Aussi l'ordre fut-il donné d'envoyer un bâtiment de guerre français à Alexandrie. Le gouvernement anglais fit de même et les représentants de nos deux pays reçurent comme instruction de se concerter et d'agir ensemble.

Les deux consuls généraux se rendirent auprès du khédive le 28 février et l'informèrent de l'entente qui existait entre leurs gouvernements. Ismaïl Pacha leur affirma son désir de voir exécuter les engagements financiers pris par son gouvernement. Il ne voulait pas revenir sur la cession des biens de sa famille à l'État en garantie d'un emprunt de 8 millions et demi chez MM. de Rotschild. Ces biens devaient être administrés par trois personnes, l'une de nationalité égyptienne, les deux autres nommées l'une par le cabinet français, l'autre par le cabinet anglais.

Au point de vue politique, il déclara que

le rescrit du 28 août 1878 devait rester la règle gouvernementale et il proposa la nomination du prince héritier Tewfik Pacha comme ministre sans portefeuille et président du Conseil. Seulement, afin de pouvoir répondre de la sécurité publique et du fonctionnement régulier de la nouvelle organisation il demandait : 1° que toutes les mesures nécessitant sa sanction lui soient soumises par le ministère et soient ensuite discutées et arrêtées définitivement au Conseil des ministres présidé par lui. Il réclamait en outre le droit de convoquer le Conseil pour le saisir des mesures qu'il jugerait utile de prendre pour la sécurité publique et le développement de la prospérité du pays.

Ismaïl Pacha promettait en vérité de se conformer à la majorité du Conseil, mais c'était une bien faible garantie en échange des concessions qu'il cherchait à obtenir. Les ministres européens firent observer à leurs gouvernements que le Conseil, composé en majeure partie d'indigènes, n'aurait plus aucune indépendance le jour où il délibérerait sous les yeux du khédive. On était obligé de reconnaître que la retraite de Nubar Pacha avait modifié la situation et qu'il fallait accorder à l'intervention du vice-roi dans les affaires une part plus considérable qu'avant les événements du 18 février. Le peuple égyptien ne paraissait pas encore mûr pour le genre d'administration que la France et l'Angleterre avaient espéré lui donner. Aussi M. de Blignères et M. Rivers Wilson proposaient-ils qu'avant que le Conseil prît une décision sur les projets de lois ou de décrets présentés par l'un de ses membres, le ministre compétent fît connaître au khédive cette loi ou ce décret. Ils consentaient encore à ce que le vice-roi pût saisir le Conseil des mesures d'intérêt général qui lui paraîtraient utiles. On examinerait de concert avec lui ses propositions, mais sans délibérer en sa présence, point essentiel si l'on ne voulait pas être réduit à subir les exigences d'Ismaïl Pacha. Enfin, s'appuyant sur les termes du rescrit d'après lequel les membres du cabinet devaient être solidaires les uns des autres, MM. de Blignères et Wilson réclamaient pour les ministres restant en fonctions le droit d'être consultés sur le choix des ministres nouveaux.

Les concessions auxquelles se montraient disposés les consuls généraux ne pouvaient dans l'esprit du khédive contrebalancer le refus qu'on lui opposait de prendre part au Conseil des ministres. C'était là, disait-il, une erreur qui avait amené les derniers événements. Si les gouvernements français et anglais croyaient bon d'insister sur ce point, ils devaient assumer la responsabilité du second insuccès qui serait la conséquence de leur résolution.

Pas plus que leurs agents, les cabinets de Londres et de Paris ne jugèrent convenable de céder à ces menaces déguisées qui pouvaient seulement mettre en éveil leur défiance. Ils maintinrent leurs conditions et, après divers pourparlers, Ismaïl Pacha renouvela l'expression de sa ferme volonté de maintenir intact le rescrit du 28 février 1878, sauf les modifications sur lesquelles l'accord s'était établi. Il demeurait entendu que le khédive n'assisterait dans aucun cas aux délibérations du Conseil des ministres.

Il se réservait seulement le droit d'appeler auprès de lui les ministres, soit séparément, soit ensemble pour leur faire connaître ses idées sur les mesures soumises à sa sanction ou sur celles dont il jugerait utile de saisir le Cabinet. C'était faire déjà une large part à son influence, mais on ne pouvait lui refuser ce droit qui appartient à tout chef d'État.

Une satisfaction peut-être plus dangereuse, et qu'on eût mieux fait d'éviter, était le choix du prince Towfik Pacha comme président du Conseil de ministres. A cette ingérence de la famille khédiviale, on avait accordé une compensation. Les deux membres européens du Cabinet pourraient opposer un *velo* absolu à toute mesure qu'ils désapprouvaient. Seulement, et cela restreignait un peu la portée du droit, il fallait l'accord des deux ministres pour que cette résistance eût un effet valable. Ismaïl Pacha devait conserver l'espoir de dissensions qu'il saurait exploiter.

Aussi remercia-t-il les deux gouvernements d'avoir pris en considération sa demande et de ne pas avoir insisté pour la rentrée de Nubar Pacha dans le Cabinet.

Il déclarait, en outre, comprendre toute la responsabilité qu'il assumait par ces nouveaux arrangements et comme les protestations de ses bons sentiments ne lui coûtaient guère il ne s'en tint pas là. Il affirma aux Cabinets de Paris et de Londres que tous ses efforts tendraient à assurer l'exécution entière de ses promesses et qu'il donnerait en toutes circonstances le concours le plus complet et le plus loyal à son ministère pour le maintien de la sécurité publique et du fonctionnement du nouvel ordre de choses.

IV.

Ces engagements pris avec tant d'éclat étaient du 9 mars 1878 et déjà le 7 avril Ismaïl Pacha manquait à sa parole. Il fit savoir aux consuls généraux qu'il leur remettrait, en les priant de le transmettre à leurs gouvernements, un projet financier faisant connaître les vues du pays. Les ministres européens s'empressèrent de lui présenter dès le matin une protestation écrite où ils faisaient ressortir la différence qui existait entre ses actes et l'assurance qu'il avait donnée de gouverner avec et par ses ministres.

En dépit de cet avertissement, le khédive convoqua les représentants des diverses puissances à cinq heures du soir et leur dit qu'en présence du mécontentement qui existait dans toutes les classes de la population, il leur communiquait le projet qu'on lui avait soumis.

Cette adresse, fort probablement provoquée par ses soins, établissait que l'Égypte n'était pas en état de déconfiture et pouvait faire face à ses engagements financiers. Elle demandait la formation d'un ministère indigène responsable devant une Chambre des députés nommés d'après un nouveau mode d'élection.

Ces changements seraient suivis, en vertu de la convention du 14 octobre, du rétablissement du contrôle.

En communiquant cette nouvelle aux consuls généraux, le khédive avait ajouté que le prince Tewfik, ne voulant pas se mettre en contradiction avec le sentiment national, venait de donner sa démission de président du Conseil et qu'il l'avait remplacé par Chérif Pacha.

C'était une décision bien faite pour étonner. Ismaïl Pacha la soulignait encore par la lettre qu'il adressa au nouveau premier ministre. « Comme chef d'État, lui disait-il, et comme Égyptien je considère comme un devoir sacré pour moi de suivre l'opinion de mon pays et de donner une satisfaction à ses légitimes aspirations. »

L'Égypte, d'après le khédive, avait été blessée du plan financier présenté par M. Rivers Wilson et qui déclarait le pays en état de déconfiture. Ismaïl chargeait Chérif de veiller à l'exécution du projet élaboré par les notables et les dignitaires et qui avait toute son approbation. Le Cabinet devait être formé d'éléments *véritablement* égyptiens et avoir pour règle de conduite le développement des réformes édictées par le rescrit du

28 août 1878 qui serait maintenu. Il serait même rendu plus efficace par la responsabilité réelle des ministres vis-à-vis d'une Chambre. Ismaïl Pacha décidait que le ministère aurait pour premier soin de préparer, à cet effet, des lois sur le modèle de celles en vigueur en Europe, tout en tenant compte des mœurs et des besoins des populations.

Le khédive semblait ne pas comprendre l'atteinte profonde qu'il portait à l'accord établi avec les deux puissances occidentales. Il feignait de croire qu'il lui suffisait, pour n'y pas manquer, de faire rétablir le contrôle créé par le décret du 18 novembre 1876.

Était-ce une mesure suffisante et capable de compenser les garanties enlevées aux créanciers ? Comment prévenir les résultats désastreux d'une administration confiée à ceux là-mêmes dont les agissements avaient été le plus sévèrement appréciés par la commission d'enquête et qui représentaient non pas les intérêts généraux de la population indigène, mais les intérêts exclusifs de la classe dominante ? Le contrôle ne pouvait s'exercer que s'il s'appliquait aux actes d'une administration régulièrement organisée. Il ne conservait d'efficacité que s'il ne dépendait pas des chefs de service de s'y soustraire comme l'avait fait, sous l'empire du décret de novembre, le ministre de la justice que précisément Ismaïl Pacha venait d'appeler à la présidence du Conseil.

La commission d'enquête ne crut pas, en présence des conditions nouvelles où elle se trouvait, pouvoir poursuivre l'œuvre qu'on lui avait confiée. Elle considéra donc comme un devoir de prier le khédive d'accepter sa démission. Naturellement, Chérif Pacha n'y vit pas d'obstacle et le 12 elle était un fait accompli par suite du consentement d'Ismaïl Pacha. — Débarrassé de ce contrôle gênant, le khédive s'estima plus libre. Il rendit, le 22 avril, un décret qui réglait les dettes du gouvernement égyptien sur les bases du projet financier remis par lui aux Conseils généraux. Cet acte devait lui coûter cher.

Les deux Cabinets manifestèrent leur mécontentement avec d'autant plus de raison que, suivant l'observation de M. Waddington, l'œuvre de M. Rivers Wilson n'avait pas été présentée par son auteur comme définitive. Elle n'excluait donc pas toute modification et, avec le mérite qu'elle offrait d'une grande sincérité, elle comportait au moins un examen sérieux. Au lieu de cela, Ismaïl l'avait rejetée sans discussion. Il avait eu le tort plus grave de congédier, sans une entente préalable avec leurs gouvernements, ses ministres étrangers. Sans doute, en agissant ainsi, le khédive, qui n'avait pas pris l'engagement de ne pas s'en séparer, demeurait dans la teneur littérale de ses déclarations par la demande qu'il faisait à la France et à l'Angleterre de lui désigner de nouveaux contrôleurs. Mais il en méconnaissait entièrement l'esprit. « *Avec une précipitation que* « *rien ne saurait expliquer,* écrivait notre « ministre des affaires étrangères, *le vice-* « *roi s'est mis, dans ses actes du 7 avril, en* « *contradiction si flagrante avec ses assu-* « *rances du 9 mars, qu'il nous est impossible* « *de ne pas considérer ses résolutions comme* « *un manque d'égard volontaire envers les* « *deux puissances.* »

Les rapports devenaient ainsi plus difficiles

avec Ismaïl Pacha. Mais cet incident n'avait rien changé à l'opinion du Cabinet de Paris sur la situation de l'Égypte. M. Waddington demeurait convaincu que le salut de ce pays était dans une bonne administration et que l'état de crise où il se trouvait exigeait le concours d'hommes spéciaux en matière de finances et de travaux publics. Un essai dans ce sens avait bien été fait par la présence au Conseil égyptien de MM. Rivers Wilson et de Blignères, mais l'expérience ne pouvait être considérée comme sérieuse puisqu'on l'avait interrompue au moment où elle commençait à peine.

Le khédive pouvait cependant croire au désintéressement de l'homme qui avait si publiquement pratiqué la politique des « *mains nettes* ». Le chef du ministère français n'avait d'autre sentiment que le désir de favoriser le développement et le bon aménagement des ressources de l'Égypte. C'était dans la prospérité de ce pays qu'il cherchait des garanties pour les intérêts de nos nationaux. Cette pensée était alors commune aux deux gouvernements et avait même fait la base de l'accord qui s'était formé entre eux à la suite du congrès de Berlin.

La parole de M. Waddington devait empêcher Ismaïl Pacha de suspecter la sincérité des avis qu'on lui donnait.

Le 25 avril 1879, le président du Conseil les lui faisait renouveler par notre consul général au Caire : « Si Son Altesse, disait-il, se refusait à les suivre en persistant à décliner le concours des ministres européens mis par nous à sa disposition, nous serions en droit de penser qu'elle renonce de propos délibéré à toute prétention à notre amitié. » Cette déclaration très franche était suivie d'un premier avertissement bien net. « *Il* « *ne resterait dans ce cas aux deux Cabinets* « *qu'à se réserver une entière liberté d'appré-* « *ciation et d'action dans la défense des in-* « *térêts de leurs nationaux en Égypte et dans* « *la recherche des moyens les plus propres à* « *assurer à ce pays les conditions d'un bon* « *gouvernement.* »

Ismaïl Pacha devait savoir désormais à quoi s'en tenir et ne pouvait s'en prendre qu'à lui-même de ce qui arriverait s'il persistait dans la voie où il s'était engagé. Par une satisfaction apparente aux puissances occidentales, il créa un Conseil d'État qu'il composa d'indigènes et d'étrangers. La majorité fut accordée à ces derniers « *afin de* « *prouver, disait le rapport de Chérif Pacha,* « *que le gouvernement du vice-roi, tout en* « *conservant son caractère national auquel* « *aucun pays ne peut renoncer sans blesser* « *le sentiment, la dignité et les droits sacrés* « *de la nation, ne veut toutefois ni se sous-* « *traire aux légitimes influences des étrangers* « *ni se priver du concours de leurs lumières* « *dans l'accomplissement de l'œuvre de régé-* « *nération entreprise.* » Le chef du Cabinet égyptien présidait le Conseil qui comprenait en outre deux vice-présidents étrangers, huit conseillers, dont quatre indigènes et quatre étrangers, quatre maîtres des requêtes, deux indigènes et deux étrangers. Ils étaient nommés par le khédive et ne pouvaient être révoqués que par décision prise en assemblée générale. Le Conseil d'État serait consulté sur tous les projets de loi. C'était une garantie médiocre.

Peu après se produisit un événement assez grave au point de vue du bon ordre financier. Le Tribunal de première instance du Caire avait prononcé la nullité des hypothèques prises par certains créanciers sur les biens donnés en garantie de l'emprunt contracté par MM. de Rotschild et qui primaient les leurs. La Cour d'appel d'Alexandrie réforma ce jugement et valida les inscriptions hypothécaires dont il s'agit. Cet arrêt présentait une importance considérable. Au moment où la masse des créanciers pensait toucher à une solution satisfaisante, elle voyait ses intérêts atteints de la façon la plus sérieuse par le privilège accordé à quelques-uns. Complication nouvelle qui venait s'ajouter aux difficultés pourtant suffisantes de la situation politique.

Aux observations que les consuls généraux de France et d'Angleterre lui avaient présentées sur sa conduite, Ismaïl Pacha protesta, le 5 mai, qu'il n'avait jamais eu l'intention de manquer d'égard aux deux pays pour lesquels il avait, au contraire, la plus respectueuse déférence. Mais il ne pouvait, alors même qu'il le voudrait, braver l'opinion publique en faisant rentrer dans le Cabinet les ministres européens. Les membres du Conseil, consultés par lui à ce sujet, répondirent le 7 mai « *que l'adjonction de l'élé-* « *ment étranger au Cabinet était de nature* « *à blesser la nation dans ses sentiments les* « *plus chers.* » Cette déclaration paraissait un peu brutale, aussi Chérif Pacha crut bon dans son memorandum d'y joindre, comme le faisait si bien son maître, l'assurance que l'Égypte n'oubliait pas les services rendus. « *Depuis le commencement du règne de Mé-* « *hemet-Ali jusqu'à nos jours,* disait-il, *le* « *pays sait de quelle utilité a été pour lui* « *l'élément européen. Il a la ferme résolution* « *de continuer à lui demander son concours* « *dans la plus large mesure, mais à la con-* « *dition de n'être froissé ni dans ses cou-* « *tumes, ni dans ses mœurs, ni dans ses* « *sentiments religieux.* »

M. Waddington, en présence de cette attitude, n'ordonna pas de nouvelle démarche en attendant que les deux gouvernements se soient mis d'accord sur la suite à y donner. Mais dans ses instructions à notre consul général, il répétait combien le khédive encourrait de responsabilité le jour où il ébranlerait les garanties qui appartenaient aux intérêts européens en Égypte.

V.

La France et l'Angleterre n'étaient pas seules à s'inquiéter de la conduite d'Ismaïl Pacha. Les consuls généraux d'Allemagne et d'Autriche furent chargés par leurs gouvernements de protester contre le décret qui avait réglé les dettes de l'État conformément au projet des notables.

Mais la correction la plus entière présida à cette démarche. Elle n'eut aucunement pour objet d'empiéter sur le terrain politique où s'exerçait l'entente anglo-française. Son but, comme le déclarait le chancelier, était restreint et limité. Il s'agissait de montrer que le Cabinet de Berlin n'abandonnait pas la cause de ses nationaux victimes des désordres financiers de l'Égypte. On voulait aussi prouver au vice-roi *qu'il se trompait absolument en interprétant* ainsi qu'il lo faisait *le silence de l'Allemagne comme une approbation de sa conduite et un blâme de la politique des deux puissances occidentales.*

La France intervint à son tour. Le 10 juin 1879, notre nouveau consul général arrivait au Caire. C'était le quatrième en un an et demi. Dès le lendemain, M. Tricou lut et remit au khédive une protestation semblable à celle que son collègue d'Angleterre avait déjà formulée contre le décret du 22 avril. Pour ne pas permettre à Ismaïl Pacha de se retrancher, comme il aimait à le faire, derrière ses ministres et sa Chambre des notables, il tint à ce que Chérif Pacha, président du Conseil, assistât à cette entrevue. Le consul anglais avait eu d'ailleurs le même soin et il n'était pas mauvais de prouver notre accord par des procédés semblables.

Nous déclarions au khédive que nous ne reconnaissions *aucune valeur aux dispositions de son décret.* Le représentant de la Russie, qui ne protestait que pour ne pas s'isoler de ses collègues, adopta les termes des notes anglaise et française. Quant à l'agent d'Italie, il se borna, le 15 juin, à faire ses réserves verbales.

Le concert européen ne s'en était pas moins fait entendre au Caire et le khédive ne put s'empêcher d'en être ému. Il retira ce décret du 22 avril qui soulevait de telles oppositions. Mais chez Ismaïl Pacha la finesse orientale ne perdait jamais ses droits. En abrogeant la mesure défavorablement jugée par les puissances, il proposa aussitôt de la soumettre à leur approbation, afin de lui donner, si elles consentaient à la soutenir, le caractère et la forme d'un contrat international. Il feignait ainsi de croire que le seul reproche qu'on pouvait lui faire était de l'avoir prise sans consulter les intéressés.

Le khédive pensait d'ailleurs avoir trouvé un autre moyen de fléchir les rancunes amassées par sa politique. Il ajoutait donc à sa proposition l'assurance qu'il avait tout particulièrement à cœur de s'acquitter des obligations à lui imposées par la réforme judiciaire. Employer les fonds de l'emprunt

Rotschild pour payer intégralement capital et intérêts des sommes dont le compte avait été fixé par arrêts, jugements et sentences, telle était, disait-il, son intention formelle.

Le consul général de France exprima l'avis que les puissances occidentales ne sauraient se contenter de cette combinaison tardive sans compromettre la prépondérance de leur autorité en Égypte et M. Waddington adopta pleinement cette manière de voir. Si notre ministre des affaires étrangères s'était abstenu d'élever la voix, dès le premier jour, contre le décret du 22 avril, c'était *« pour laisser au khédive le temps de prouver qu'il avait la volonté et les moyens de faire mieux que les ministres européens congédiés par lui. »*

Mais comme il le rappelait le 15 juin, les événements n'avaient répondu ni aux promesses d'Ismaïl Pacha ni aux espérances de ses amis. Depuis plus de deux mois qu'il était rentré dans l'exercice de sa souveraineté absolue, le vice-roi s'était jeté dans une série de mesures mal conçues, contradictoires, inefficaces. Leur seul résultat se trouvait être de diminuer les ressources du pays, d'enlever à ses créanciers les garanties si péniblement acquises et de ramener les choses au point où elles étaient en 1878 lorsque la faillite de l'Égypte semblait imminente.

En présence de cette situation, la France et l'Angleterre ne pouvaient plus avoir qu'une confiance bien médiocre dans le bon esprit et la sincérité du khédive. Aussi le gouvernement français refusa-t-il de ratifier indirectement la politique destructive des arrangements de 1878 : « *Vous avez bien compris,* écrivit M. Waddington à notre consul géné ral, *qu'il n'entre pas dans notre rôle de seconder les calculs d'Ismaïl Pacha.* » Puis, avec une franchise et une netteté qu'autorisaient ses avertissements antérieurs, il ajoutait : « Son Altesse semble vouloir avancer elle-même le moment où elle ne pourra plus se faire d'illusions sur les conséquences de la situation qu'elle a créée. »

Cet instant ne devait pas tarder. Avec un aveuglement qu'explique seule une présomption complète et une confiance exagérée dans le prestige qu'il avait conservé sur son peuple, Ismaïl persista dans son opposition aux vœux des deux puissances. Céder à ce prince eût été une capitulation indigne des cabinets de Paris et de Londres. L'effet produit sur le monde musulman aurait pu d'ailleurs avoir pour nous de dangereuses conséquences.

Immédiatement après le renvoi des ministres européens la question avait été agitée de l'abdication du khédive. Le gouvernement français n'avait pas voulu s'y arrêter avant de faire la tentative du 15 juin pour ramener Ismaïl à l'exécution de ses engagements. Ce dernier effort demeurait inutile, notre consul général fut autorisé à indiquer au khédive « officieusement et à titre de suggestion spontanée » la résolution que lui conseillaient les deux puissances.

Les événements se précipitent alors. Le 18 juin 1879, M. Waddington écrivait à M. Tricou : « Nous sommes aujourd'hui d'accord avec le cabinet anglais *pour recommander officiellement à ce prince d'abdiquer et de quitter l'Égypte.* » Il avait été entendu que le langage des deux agents de France et d'Angleterre serait identique, mais le Président du conseil voulut plus encore et il exprima au cabinet anglais l'avis que les consuls se rendissent ensemble auprès du khédive pour donner à leur démarche le plus d'autorité possible.

Les deux gouvernements désiraient en outre ne pas avoir l'air d'agir seuls. Aussi donnèrent-ils connaissance à l'Allemagne et à l'Autriche des instructions qu'ils avaient envoyées à leurs consuls généraux. Ils demandèrent à ces deux puissances d'appuyer leurs conseils au Caire, et M. Waddington eût également désiré la coopération de la Russie et de l'Italie. Le 23 juin les représentants des deux empires allemand et autrichien vinrent dans les mêmes termes que les agents de France et d'Angleterre demander au khédive de déposer le pouvoir.

Ismaïl Pacha comprendrait-il la nécessité de se rendre à cet avis? On l'espérait un peu, et dans ce cas le gouvernement français était disposé à voir succéder le prince Tewfik à son père dans les conditions du firman jadis octroyé par la Porte. Toutefois il fit avertir le khédive que, s'il résistait, « nous n'hésiterions pas à en appeler à la puissance suzeraine et à réclamer l'intervention du sultan pour prononcer la déposition du prince qui avait si gravement méconnu ses devoirs. »

Dans toute cette affaire, il faut rendre pleinement justice à M. Waddington. Il eut pendant la durée de son ministère la vue la plus claire des intérêts généraux du pays. Avec une modération qui n'excluait pas la fermeté, il sut avertir avant de frapper et porter le coup lorsqu'il le jugea nécessaire. Le 23 juin il écrivait encore à notre Consul général : « Vous aurez certainement apprécié
« les considérations qui nous ont déterminés
« à limiter notre intervention en Égypte à
« la demande de l'abdication personnelle
« d'Ismaïl Pacha. *En écartant l'ingérence*
« *individuelle d'un prince qui, malgré les*
« *dons incontestables de son intelligence et*
« *ses facultés brillantes, a exercé sur le gou-*
« *vernement de son pays la plus déplorable*
« *influence, nous désirions respecter pour*
« *tout le reste l'ordre de choses créé par une*

« *série de dispositions légales dont les puis-*
« *sances de l'Europe ont successivement pris*
« *acte dans leurs déclarations avec l'Égypte*
« *et dont elles ont ainsi consacré l'autorité.* »

En effet la mise en question de tout ce qui existait en Égypte dépassait de beaucoup ses intentions et ses vues. Elle flattait le penchant secret du gouvernement ottoman qui pouvait y voir une occasion d'affirmer ses droits, mais notre ministre se montrait à juste titre convaincu du préjudice qu'en éprouveraient nos intérêts liés, d'après lui, à un progrès continu de l'état égyptien. Aussi désirait-il vivement qu'Ismaïl Pacha ne donnât pas à la crise qu'il avait provoquée « des proportions funestes à sa famille et à son pays ».

Là pourtant devait aboutir l'aveugle entêtement du khédive qui, suivant les craintes de M. Waddington, chercha pour un moment « un appui trompeur à Constantinople ». Le divan ne laissa pas tomber la chance qui s'offrait à lui de relever en Égypte le prestige du Sultan. Le ministre des affaires étrangères fit en effet demander au cabinet français de transporter en Turquie les négociations relatives à la question égyptienne. M. Waddington se garda de lui accorder cette dangereuse satisfaction. Il lui répondit que la succession en ligne directe étant établie par un firman de la Porte, l'abdication du khédive en faveur de son fils aîné était une affaire purement égyptienne à traiter au Caire.

Toutefois, il invita le 24 juin notre ambassadeur à Constantinople à demander par courtoisie l'assentiment de la Turquie.

VI.

Sa délicatesse de procédés ne fut pas payée de retour. Le 26 juin, à 4 heures du soir, Tewfik Pacha était proclamé khédive au Caire et le lendemain seulement le représentant à Paris du gouvernement ottoman vint communiquer au quai d'Orsay la destitution d'Ismaïl Pacha et le retrait du firman de 1873. M. Waddington manifesta toute sa surprise que la Porte eût pris une décision de cette importance non seulement sans s'être concertée avec nous, mais sans nous avoir avertis. Il rappela que le firman avait été communiqué officiellement à la France lors de sa promulgation, qu'elle en avait pris acte et que de ce moment il avait été considéré comme ayant une valeur internationale. Sans contester le droit strict du Sultan, notre ministre des affaires étrangères déclara qu'il ne pouvait admettre en l'état des bonnes relations entre les deux gouvernements, une modification de cette charte égyptienne qui n'avait pas fait l'objet d'une entente préalable. Il ne dissimula pas enfin l'impression pénible que lui causait une pareille façon d'agir.

Sans doute les puissances occidentales avaient la satisfaction qu'elles demandaient, puisqu'Ismaïl Pacha perdait le pouvoir. Elles se seraient contentées d'une abdication volontaire : la révocation n'altérait en rien l'importance du résultat obtenu. Mais une chose était à craindre (et notre ambassadeur en Turquie en avait averti M. Waddington) c'est que la Porte ne conservât l'arrière-pensée de prolonger cet incident et de le compliquer.

Le divan paraissait vouloir en revenir pour le statut de l'Égypte aux dispositions de 1841. Cela menaçait de soulever des questions nouvelles et imprévues d'abord. Aussi, pour maintenir très nettement les droits de la France, le quai d'Orsay ne voulut-il pas différer les réserves nécessaires.

Un danger se présentait tout d'abord si la première condition que l'on imposait au fils d'Ismaïl Pacha était de laisser déchirer la charte des immunités de son pays. On risquait, en favorisant l'avènement d'un « khédive diminué », de créer à celui qu'il remplaçait une popularité dont les conséquences pouvaient être fâcheuses. La chose était plus à craindre encore avec la personnalité d'Ismaïl.

Vainement jusqu'au dernier jour les consuls généraux s'étaient efforcés de persuader à ce prince d'abdiquer volontairement entre les mains des puissances occidentales qui lui offraient au nom de leurs gouvernements des garanties écrites pour lui et sa famille. Il était demeuré sourd à leurs conseils, persuadé qu'il se croyait de laisser passer l'orage et de rester le maître de la situation.

3.

Aussi quand il apprit par deux messages télégraphiques du Sultan, l'un adressé à lui-même, l'autre au prince Tewfik, sa déposition sur laquelle il comptait si peu, le coup lui parut d'autant plus rude à supporter. Pendant plus d'une heure il resta plongé dans un profond abattement. Après bien des tergiversations il se décida pourtant à faire appeler son fils et à lui remettre le pouvoir en présence du Conseil des ministres. Tout s'opéra de la manière la plus correcte et sans la moindre secousse. Tewfik Pacha monta à la citadelle pour recevoir, suivant l'usage, les félicitations du corps diplomatique, des ulémas et des autorités civiles et militaires.

C'est au milieu de l'enthousiasme de la population et de l'armée que commençait le nouveau règne. L'Égypte ne fit rien pour retenir le khédive que ses fautes avaient précipité du trône. Singulière et dure leçon pour un prince qui s'était bercé de l'illusion que son prestige survivrait à tout.

L'absence d'une volonté ferme et d'un cœur droit avait annihilé toutes les qualités d'Ismaïl Pacha dont la conduite fut toujours inspirée par le caprice ou l'intérêt personnel. Par des arguties de raisonnement il déguisait à ses propres yeux la gravité d'un manque de parole et se rendait trop facilement parjure. Son intelligence lui aurait permis de concevoir de grands desseins. Il n'en fit usage que pour des œuvres de plus d'éclat que d'utilité réelle. La largeur d'esprit de l'homme d'État lui faisait défaut. Il ne sut pas comprendre la voie dans laquelle son pays rencontrerait, avec l'appui de l'Occident, la libre prospérité qu'il est en droit d'espérer un jour. Sous couleur de conserver l'indépendance nationale il ne fit que consacrer les erreurs et protéger les abus qui devaient la lui ôter. Sa finesse, qu'il savait extrême, se tourna contre lui. Il tomba dans le piège qu'il avait voulu tendre à la France et à l'Angleterre par son appel au suzerain de l'Égypte. Cette fin lamentable permet de penser qu'il y avait en lui plus de souplesse rusée que d'habileté véritable, plus de subtilité que de profondeur.

CHAPITRE II.

LA COMMISSION DE LIQUIDATION.

I.

La disparition d'Ismaïl Pacha ne mit pas
fin aux difficultés soulevées par sa conduite.
Le 3 juillet 1879, les ambassadeurs de
France et d'Angleterre se rendaient chez le
grand vizir pour lui déclarer que leurs gouvernements acceptaient comme un fait accompli la déposition du khédive. Mais pour
approuver définitivement la conduite de la
sublime Porte, ils exigeaient que le firman
à délivrer à Tewfik Pacha leur fût communiqué. Ils le discuteraient avant sa publica-
tion. L'avantage de cette manière d'agir était
manifeste. Elle éviterait des difficultés qui
prendraient un caractère plus grave si quel-

que décision déjà adoptée par le Conseil des ministres turcs avait besoin d'être infirmée. Les puissances occidentales laissaient en outre au gouvernement ottoman tout le profit et l'honneur de la sage conduite qu'elles attendaient de lui.

Leur intention demeurait dans la crise actuelle de ne pas toucher aux choses et aux institutions, du moment que l'homme, seul coupable à leurs yeux, avait été frappé. Il importait donc que le firman nouveau modifiât le moins possible celui de 1873. Il fallait un document public qui maintiendrait à l'Égypte ses privilèges et son autonomie en laissant aux étrangers le droit de traiter avec le khédive, et non avec la Porte les affaires qu'ils pourraient avoir dans ses États.

Notre ambassadeur à Constantinople s'efforça de faire comprendre à Carathéodory Pacha que toute tentative d'innover et de revenir vers un passé inadmissible mettrait la Turquie dans une situation pleine de dangers et rencontrerait l'opposition de toute l'Europe.

M. Waddington estimait d'ailleurs que le

firman de 1873 convenait parfaitement aux puissances occidentales. A ses yeux les facilités qu'il donnait au khédive dans les questions de finances pouvaient nous être nécessaires pour la liquidation qu'il allait falloir aborder. Il ne désirait donc pas de modification sur ce point, pas plus qu'il n'était partisan du rétablissement de l'ordre de succession établi par le khalifat. Comme il le faisait remarquer, « cette mesure détruirait à l'avance tout le prestige du prince Tewfik qui régnait en vertu d'une loi différente », et ce n'était pas, dans les circonstances où il montait sur le trône, le moment d'affaiblir son autorité.

Le gouvernement de la Porte avait promis aux représentants de la France et de l'Angleterre de leur communiquer le firman destiné à Tewfik Pacha. Mais le 17 juillet rien n'avait encore été fait. Les deux ambassadeurs rappelèrent au ministre des affaires étrangères la parole donnée, puis M. Fournier écrivit à M. Waddington : « Nous attachons « beaucoup d'importance à recevoir des « instructions approuvant notre conduite. « Elles porteraient que nous devons de-

« mander communication dans un bref délai
« fixé de la traduction officielle du projet
« de firman qui serait soumis à l'approba-
« tion de nos gouvernements. Nous déclare-
« rions que nos gouvernements n'accepte-
« raient aucun firman qui n'aurait pas été
« ainsi approuvé et que si la Porte essayait
« de le mettre à exécution ou de le promul-
« guer elle serait tenue responsable des con-
« séquences. » M. Waddington entra pleinement dans cette manière de voir, et le
cabinet de Londres autorisa son ambassadeur
à exécuter de concert avec le nôtre la démarche qu'ils avaient proposée.

Le 18 juillet les négociations engagées
entre les puissances occidentales et Towfik
Pacha, pour le règlement des questions
financières, firent un premier pas. Le khédive
se déclara prêt à favoriser le rétablissement
du contrôle anglo-français et la nomination
d'une commission de liquidation. Le gouvernement turc était moins rapide. Peut-
être d'ailleurs sentait-il que ses projets ren-
contreraient une opposition de la part des
deux puissances. Il se décida pourtant

le 19 juillet à soumettre à leurs représentants la traduction du firman qu'il pensait délivrer à l'Égypte.

Tous deux le trouvèrent inacceptable dans son entier, car il réduisait le khédivat à l'état de vilayet. On ne pouvait admettre le retrait d'institutions sur lesquelles s'étaient établis les rapports de l'Europe avec l'Égypte et qui, arbitrairement révoquées, mettaient en péril un nombre considérable d'intérêts. Il était également impossible de laisser rétablir le sénioral, « une des difficultés du régime musulman purement ottoman ». Après des négociations assez laborieuses, la Porte parut disposée à maintenir le droit d'aînesse en faveur de la descendance de Tewfik Pacha et, le 26 juillet, notre ambassadeur écrivait à M. Waddington : « Cette difficulté peut être considérée comme aplanie. »

C'était un premier succès. Un autre allait bientôt le suivre. Le projet de firman déclarait que « le khédive aurait le droit de conclure des conventions sans porter atteinte aux traités politiques du gouvernement impérial ». Il se terminait par ces mots : « Les

« conventions seront communiquées à ma
« sublime Porte avant leur promulgation
« par le khédive. » Les termes turcs pouvaient laisser entendre que l'approbation
du Sultan était nécessaire pour leur donner
quelque valeur. C'eût été faire au suzerain
une trop belle part d'influence. — Les deux
ambassadeurs, sachant qu'il n'était jamais
inutile de préciser les choses, envoyèrent à
Carathéodory Pacha une note collective. Ils
voulurent et obtinrent une déclaration établissant « que le firman en question excluait
« toute obligation de la part du khédive
« d'obtenir la sanction ou l'autorisation du
« Sultan pour mettre en pratique lesdites
« conventions. »

Le même jour Carathéodory Pacha tombait du pouvoir et il avait pour successeur
l'ambassadeur de Turquie à Paris. Sawas
Pacha était chargé de l'intérim des affaires
étrangères et c'est avec lui que continuaient
les négociations qui devaient aboutir au firman du 30 juillet 1879.

Ce document commençait par établir la
suzeraineté de la Porte en déclarant que

tous les impôts seraient perçus au nom du Sultan. Le tribut annuel à payer *régulièrement* par l'administration égyptienne était fixé à 750.000 livres turques. La monnaie serait frappée en Égypte. Afin de diminuer les dépenses et surtout de ne pas donner au khédive une puissance militaire trop considérable, le divan avait décidé qu'en temps de paix 18,000 hommes de troupes suffisaient pour la garde intérieure. Les drapeaux des forces de terre et de mer ainsi que les insignes des différents grades seraient les mêmes que ceux des armées turques.

Le vice-roi nommait les officiers jusqu'au colonel inclusivement et les employés civils jusqu'à la fonction de « samié. » Il ne pouvait pas, comme par le passé, construire des bâtiments blindés sans l'autorisation du gouvernement ottoman. Le souvenir de Méhemet-Ali était encore trop présent à la mémoire de la Porte.

Tewfik Pacha ne devait pas contracter d'emprunts sauf en ce qui concernait *exclusivement* le règlement de la situation financière qu'il trouvait en arrivant au pouvoir.

Encore, par garantie pour l'Europe, lui fallait-il un accord avec ses créanciers ou les délégués officiellement chargés de leurs intérêts.

Sous aucun prétexte, le khédivat ne pouvait « abandonner à d'autres en tout ou « partie les privilèges accordés à l'Égypte ». Mais il avait le droit de « contracter et de « renouveler avec les agents des puissances « étrangères les conventions pour les « douanes, le commerce et pour toutes « transactions avec les étrangers concernant « les affaires intérieures ». Par mesure de courtoisie on avait admis qu'elles seraient communiquées à la Porte avant leur promulgation. Afin de régler nettement la situation faite à Tewfik Pacha, le ministre des affaires étrangères de Turquie déclara le 2 août à l'ambassadeur de France que « le présent « firman ne restreignait en rien, sauf ce qui « était expressément relaté, les droits, les « privilèges et prérogatives précédemment « et personnellement accordés aux khédives « d'Égypte ».

Ainsi que le faisait remarquer M. Waddington, cette déclaration achevait de définir contre toute interprétation abusive le sens des réserves auxquelles on avait dû consentir pour ménager les susceptibilités du gouvernement ottoman. Les difficultés soulevées à Constantinople à propos de l'Égypte avaient tourné à son avantage et à l'affermissement de son autonomie. Au lieu de se trouver, comme par le passé, à la merci du suzerain, ses privilèges étaient placés désormais sous la garantie de la France et de l'Angleterre ainsi que des autres puissances qui seraient appelées à prendre acte du nouveau firman.

II.

Tewfik Pacha, sauf la restriction relative aux emprunts, avait la disposition complète des affaires financières du pays. Il en profita pour rétablir le contrôle général dans les conditions prévues par le décret du 18 novembre 1876. Sir Baring fut chargé de ce qui concernait les recettes. — M. de Blignères eut comme attributions la comptabilité et la dette publique.

Le nouveau khédive parut vouloir entrer, avec les puissances européennes, dans des relations de franchise et de cordialité plus grandes que ne l'avait fait son père. Aussi bien leur devait-il plus de reconnaissance. C'est grâce à leur attitude énergique vis-à-vis de la Porte qu'il conservait une autorité plus efficace et un prestige plus entier dans ses états.

Un décret du 15 novembre 1879 décida que le ministre des finances produirait chaque semaine au contrôle général un relevé détaillé des recettes et des finances faites par la caisse du ministère. Chaque administration devait également fournir un état en fin de mois. Afin de faciliter leur tâche aux contrôleurs généraux, ils auraient rang et séance au conseil des ministres, mais Tewfik ne jugea pas à propos de revenir sur les décisions prises jadis par Ismaïl et ne leur accorda que voix consultative. Ils ne pouvaient du moins être relevés de leurs fonctions qu'avec l'assentiment de leurs gouvernements respectifs.

Avec ces garanties et la bonne volonté de

Tewfik, l'Europe reprit une certaine confiance et l'Égypte parut entrer dans une voie meilleure. Le 15 janvier 1880, le gouvernement du khédive demandait l'assentiment des puissances à un décret par lequel il autoriserait la caisse de la dette publique à disposer immédiatement d'une partie de l'emprunt Rotschild pour le paiement des arriérés du tribut dû à la Porte, ainsi que des traitements et pensions dont l'annuité ne dépasse pas mille livres.

La commission d'enquête et les tribunaux de la Réforme avaient reconnu ces créances comme privilégiées.

M. Waddington n'était plus ministre des affaires étrangères. M. de Freycinet lui avait succédé au quai d'Orsay. Il écrivit au nouveau consul général de France qu'il ne voyait pas, quant à présent, d'objections.

Il avait eu le soin d'ailleurs de consulter sur sa manière de voir le gouvernement anglais qui se montrait également disposé à adhérer à la proposition égyptienne. Mais la question s'adressait à toutes les puissances, il désirait donc « savoir quelles réponses le

« khédive recevrait des autres cabinets et les
« mesures qu'il compterait prendre en
« conséquence. »

Tewfik Pacha sut manifester, par quelques
décisions heureuses, son désir de relever la
prospérité de l'Égypte. Un décret du 17 janvier abolit un grand nombre de taxes peu
productives mais vexatoires et dont la suppression était depuis longtemps réclamée
par tous les bons esprits.

Un second décret du 18 janvier ajouta une
surtaxe de 150.000 livres égyptiennes à
l'impôt « Ouchouri ». — C'était un premier
pas fait dans le principe de l'égalité des
citoyens devant les charges publiques. Les
possesseurs des terres « Ouchouri » tenaient
en effet leurs privilèges d'abus séculaires et
non d'un engagement bilatéral pris par l'État.
Aussi notre consul général déclarait-il ne
pouvoir « qu'applaudir à la mesure qui les
« rapprochait de la condition où se trou-
« vait la majorité de leurs concitoyens ».

Mais il ne suffisait pas que le khédive agit.
Une question, pour le moment, primait
toutes les autres. C'était celle de savoir si

les puissances parviendraient à se mettre d'accord sur la commission de liquidation. En attendant une solution, les dettes de l'Égypte s'augmentaient par l'accumulation d'intérêts excessifs, les services souffraient, l'autorité morale du pouvoir était annihilée. Les employés et les pensionnés de l'État réclamaient leurs arriérés. Tout le monde reconnaissait la légitimité de leurs droits et cependant les cabinets européens hésitaient à répondre catégoriquement à la demande du gouvernement égyptien qui voulait être autorisé à consacrer une portion de l'argent provenant de l'emprunt Rotschild à faire vivre ces malheureux.

Aussi, le 9 février 1880, M. de Freycinet prit-il une heureuse initiative en proposant un décret qui instituait une commission de liquidation. Elle se composerait de deux commissaires désignés par la France et la Grande-Bretagne et d'un commissaire pour chacun des pays suivants : Allemagne, Autriche-Hongrie, Italie. — Les contrôleurs généraux devraient lui donner connaissance du budget de l'année pendant laquelle elle exercerait ses fonctions ainsi que de ceux des années antérieures qui seraient nécessaires à ses études.

L'Autriche demanda qu'une fois le décret de liquidation publié les pouvoirs de la commission fussent prolongés pendant un délai éventuel de trois mois. Afin d'obtenir l'assentiment de la chancellerie austro-hongroise, M. de Freycinet y consentit avec la pensée qu'elle tiendrait compte de ces concessions en acceptant le texte qu'on lui communiquait. Au point où les choses en étaient arrivées, si les puissances ne parvenaient pas à s'entendre, il faudrait chercher une autre voie pour liquider la situation financière ou bien des difficultés de plus d'un genre étaient à redouter.

Le 16 février, notre chargé d'affaires à Vienne écrivait au ministre que le gouvernement auprès duquel il était accrédité semblait vouloir donner son adhésion, pour être agréable au cabinet français et dans l'espoir que celui-ci userait de réciprocité pour les questions se rattachant aux affaires d'Égypte où ses intérêts se trouveraient engagés. Mais avant de se décider on attendrait de savoir si l'Allemagne accepterait le projet. Le 20 février la réponse favorable de l'empire entraîna celle de l'Autriche-Hongrie. L'Italie fut plus longue à se prononcer. Dès le 22 février, M. de Freycinet pensait qu'avant de signer leur déclaration collective les cinq puissances devraient être officiellement informées par le khédive de son intention de promulguer, dans les termes convenus, le décret constituant la commission de liquidation. Il chargeait donc notre consul général au Caire de s'entendre d'avance avec le gouvernement égyptien pour que cette formalité puisse être accomplie immédiatement après la réponse reçue du cabinet italien. Le 28, notre ambassadeur à Rome ne connaissait encore pas les intentions définitives de M. Cairoli qui avait désiré consulter Vienne et Berlin. — Son idée de subordonner les décisions de la commission à un examen des puissances ne pouvait être admise puisque le but principal de sa création était de faire un règlement définitif et sans appel. C'est ce que fit observer

M. de Freycinet à l'ambassadeur d'Italie. Il était aussi difficile d'acquiescer à la prolongation qu'il demandait du délai pendant lequel serait exercé le droit de surveillance des commissaires. On aurait été obligé de recommencer une négociation délicate avec tous les gouvernements intéressés pour modifier le terme primitivement fixé. Pendant ce temps les intérêts seraient demeurés en souffrance. Aussi, M. de Freycinet écrivait-il au marquis de Noailles, qui représentait alors la France auprès du Quirinal :
« Nous devons conseiller au gouvernement
« italien de ne pas retarder par des critiques
« de détail son adhésion au projet, s'il désire
« le maintien du principe de la commission
« internationale comme nous le désirons
« nous-mêmes et comme nous croyons que
« son intérêt doit l'y porter. »

III.

Cette difficulté diplomatique n'était pas encore aplanie que le gouvernement du

khédive en soulevait une autre. Il demandait
à réserver l'assentiment du Conseil des
ministres en même temps que celui des
contrôleurs pour la fixation des sommes
destinées à assurer la marche des services
publics. L'amendement au projet primitif
parut raisonnable à M. de Freycinet puisqu'il pouvait satisfaire l'amour-propre égyptien sans nuire aux intérêts de l'Europe. —
Il ne fit donc pas d'objection, mais ce n'en
était pas moins un retard à la solution espérée.
Des pourparlers furent alors entamés sur
l'adjonction des cinq mots « *du Conseil des
ministres et* ». — Le cabinet de Londres
consentit dès le 5 mars à ce qu'on les insérât
dans le décret de liquidation. Celui de Berlin
réserva sa réponse officielle jusqu'au moment
où il connaîtrait l'appréciation de la chancellerie austro-hongroise. Les deux pays
donnèrent leur adhésion le 10 mars.

L'Italie n'acquiesçait toujours pas au
projet accepté par les quatre puissances.
Elle fit savoir à l'Allemagne sa répugnance
à l'admettre. M. de Radowitz déclara, dit-on,
au comte de Launay que le Quirinal ne

pouvait nullement compter dans cette question, sur un concours quelconque de la part
du gouvernement impérial. L'Allemagne
avait déjà donné son adhésion elle n'entendait pas revenir sur le passé. En présence
de cette attitude une explication ingénieuse
fut trouvée par le cabinet italien. Le directeur
politique des affaires étrangères avait cru
comprendre que les puissances qui seraient
représentées à la commission de liquidation
devaient seules prendre l'engagement préalable de tenir pour obligatoire ses décisions.
Les autres, Grèce, Russie, etc., pourraient,
pensait-il, une fois son travail accompli,
accepter ou repousser à leur gré ses conclusions. Il jugeait donc préférable pour les
intérêts italiens de conserver son indépendance. M. de Noailles n'eut pas de peine à
rectifier son erreur.

Le 11 mars, Riaz Pacha, président du
Conseil des ministres égyptien, alla trouver
notre consul général au Caire pour lui exposer de nouveau les inconvénients du retard
mis à former la commission de liquidation,
et pour prier la France d'agir auprès du

Quirinal. Il fit la même démarche auprès des agents de la Grande-Bretagne, de l'Autriche et de l'Allemagne. Le représentant de l'Italie en Égypte engageait son gouvernement à se rendre aux vœux des autres puissances. A Paris aussi, M. de Menabrea semblait comprendre qu'il n'y avait plus lieu d'insister pour modifier le décret. Il émit l'idée que la présidence pourrait être attribuée au commissaire italien. — M. de Freycinet lui répondit que nous n'avions pas de parti arrêté d'avance et que nous ne ferions pas d'objection à l'alternance du président si les autres puissances admettaient ce principe.

Les atermoiements de l'Italie cessèrent enfin et le 20 mars, plus d'un mois après les propositions françaises, elle donna son adhésion officielle. L'entente se trouvait donc définitivement établie entre les cinq puissances qui devaient concourir à la nomination des membres de la commission. Restait à la consacrer par une déclaration collective. M. de Freycinet demanda à l'Angleterre comment elle pensait procéder. Il lui fut répondu que le cabinet de Londres, par une double raison de facilité pratique et de courtoisie à l'égard de Tewfik Pacha, était d'avis de signer, au Caire, cette pièce diplomatique.

Le 26 mars 1880, notre consul général recevait les pouvoirs nécessaires. Les parties contractantes devaient s'engager les unes envers les autres à reconnaître comme obligatoires les décisions de la commission de liquidation.

Le 27 mars, l'autorisation autrichienne, et le 28, celle de l'Allemagne arrivaient à leurs représentants au Caire. Les deux pays avaient mis beaucoup de courtoisie dans leurs instructions. Le cabinet de Vienne déclarait que la France pouvait compter sur l'appui de son délégué.

La chancellerie de Berlin, de son côté, avant de désigner son commissaire, s'était enquis auprès de M. de Saint-Vallier de la branche administrative à laquelle appartiendraient les nôtres. L'Italie fut la dernière à se décider.

La France conservait, grâce à l'esprit de suite dont elle avait fait preuve, la direction du mouvement. Le 28 avril, M. de Freycinet adressait une circulaire à nos agents auprès des puissances qui avaient coopéré à l'établissement des tribunaux mixtes. « La marche que les cinq gouvernements ont suivie s'explique, disait-il, par l'importance des intérêts qu'ils ont en Égypte. Leurs sujets possèdent, en effet, la presque totalité de la dette et il était dans la logique des choses que les représentants de l'immense majorité des porteurs de créances fussent appelés de préférence à composer la commission de liquidation. Les cinq puissances signataires ont donc espéré que leur exemple entraînerait l'assentiment des États moins engagés qu'elles-mêmes dans les difficultés financières de l'Égypte, mais intéressés toutefois à la marche régulière des affaires dans ce pays. »

Ainsi que le faisait remarquer le ministre, cette demande d'adhésion s'expliquait par des motifs de bonne entente et d'ordre général. Elle avait une autre raison. Le fait de la liquidation ne pouvait pas manquer d'amener des dérogations aux contrats primitifs. Il était donc nécessaire pour les tribunaux égyptiens de recevoir des gouvernements dont ils tenaient leur mandat, *l'autorisation d'appliquer, comme une loi à l'égard de tous les intéressés, le résultat des travaux de la commission liquidatrice.*

L'Espagne fut la première à donner, le 15 mai, son adhésion pleine et entière à la déclaration collective. Le 24 mai, celle de la Belgique nous était acquise, car elle « appréciait comme les puissances signataires les avantages d'une liquidation opérée d'un commun accord. »

Le Danemark ne crut pas ses intérêts assez engagés pour provoquer des observations. Il accepta donc sans réserves la note qu'on lui soumettait. Les Pays-Bas y adhèrent aussi le 1er juin. Le gouvernement portugais en exprime, le 8 juin, sa complète satisfaction et s'associe très volontiers à une idée « qui lui présente toutes les garanties de justice et d'impartialité. » Le lendemain, la Suède et la Norwège ratifient à leur tour la déclaration du 31 mars.

La Grèce avait soulevé des difficultés, M. de Freycinet lui fit observer que si elle entravait dans une certaine mesure la liquidation générale des dettes égyptiennes, elle risquait de porter un grave préjudice à ses nationaux. Il y avait d'ailleurs pour elle un intérêt sérieux à ne pas séparer sa cause de celle des grandes puissances de l'Europe. Le 27 juin, le gouvernement grec, sur les instances pressantes de la France et de l'Angleterre, adhéra enfin à la déclaration. Il réserva toutefois dans l'avenir « *son droit de participation à toute délibération ayant pour objet des dérogations éventuelles aux règlements internationaux actuellement en vigueur en Égypte.* »

Le 16 juillet 1880, les contrôleurs généraux, ainsi que les membres de la commission de liquidation, se rendirent à Alexandrie pour soumettre à la signature du khédive le projet de loi destiné à régler définitivement le sort des créanciers du gouvernement égyptien. Tewfik Pacha le sanctionna sans aucun changement. Les États-Unis y adhèrent sans réserve le lendemain. Il manquait encore l'assentiment de la Russie. Dès le mois d'avril, le chargé d'affaires de ce pays avait déclaré à M. de Freycinet que son gouvernement, étant resté en dehors des arrangements relatifs à l'institution de la commission, ne pourrait s'engager d'avance à reconnaître ses décisions comme obligatoires. Elle se réservait de les apprécier quand on les lui soumettrait. Notre ministre des affaires étrangères n'avait pas moins cru devoir faire appel à l'adhésion du cabinet de Pétersbourg. Ce fut en vain. Par l'intermédiaire de notre ambassadeur, le général Chanzy, M. de Freycinet fut averti le 1ᵉʳ juin que le Tsar persistait dans sa résolution première. Le quai d'Orsay regretta l'adoption par la Russie d'une méthode qui ralentirait forcément la marche de la liquidation. Mais il crut, en présence du déclinatoire très net qu'on lui opposait, difficile d'insister de nouveau. Ce ne fut pas l'avis de l'Angleterre. Le tsar Alexandre II consentit à donner l'ordre à son agent en Égypte d'étudier, de concert avec les magistrats russes, la loi de la liquidation aussitôt qu'elle aurait paru. Autorisation lui était accordée de l'approuver s'il n'y trouvait rien de contraire aux intérêts de son pays. Le résultat en fut que, le 19 juillet, M. de Lex notifiait au gouvernement égyptien l'adhésion de la Russie.

L'accord régnait donc enfin entre les puissances intéressées à voir l'ordre financier rétabli en Égypte. La France pouvait se féliciter sincèrement de la part qui lui revenait dans ce succès diplomatique.

Le 20 juillet, le ministre des affaires étrangères de Tewfik Pacha écrivait à notre consul général : « *Je suis heureux d'avoir à* « *vous prier de transmettre au gouvernement* « *de la République les sentiments de gratitude* « *du gouvernement du khédive pour l'appui* « *éclairé que l'Égyp.e a trouvé auprès du* « *ministère français dans la réalisation d'un* « *résultat si éminemment important pour* « *le pays.* »

La conduite de M. de Freycinet justifiait cette appréciation. Il est malheureux pour nous qu'il n'ait pas toujours mérité de l'Égypte les mêmes témoignages d'une satisfaction reconnaissante.

CHAPITRE III

La commission formée avec l'assentiment
du khédive et de l'Europe s'était mise résolument à l'œuvre pour s'efforcer de rétablir
le crédit égyptien. Une de ses premières mesures fut le paiement des arriérés du tribut.
La prudence voulait en effet qu'on ne laissât
pas à la Porte de motifs d'intervention dans
les affaires du vice-roi. Elle s'occupa aussi
de régler les pensions et traitements que l'in-
curie administrative d'Ismaïl Pacha avait
accumulés sans trouver le moyen de les
payer. L'ordre financier commençait donc à
renaître. Le désordre régnait malheureusement toujours dans les esprits.

Un officier circassien avait été nommé en
remplacement du colonel d'un régiment

de cavalerie. Quinze jours après, un grand nombre de militaires indigènes signèrent une pétition à Riaz Pacha pour demander la réintégration de l'arabe révoqué. Cette démarche n'obtint aucun résultat favorable. Au contraire, le 1er février 1881, les colonels de trois autres régiments auxquels appartenaient les pétitionnaires furent arrêtés par l'ordre du ministre de la guerre qui était un circassien. Cette mesure de rigueur irrita violemment les troupes qui, vers midi, délivrèrent leurs chefs par la force.

Les trois colonels firent demander au consul général de France une démarche du corps diplomatique pour obtenir le renvoi d'Osman Pacha et de ses favoris.

Le baron de Ring refusa d'intervenir, mais engagea les porteurs de la requête à calmer leurs camarades. Puis il se rendit avec l'agent britannique auprès du khédive afin de lui conseiller d'accepter la destitution d'Osman Pacha si on la réclamait plutôt que de provoquer une catastrophe. Le prince Tewfik se range à leur avis. Mahmoud est nommé ministre de la guerre. Les colonels arrêtés sont réintégrés dans leurs commandements. Les troupes rentrent dans leur quartier. Le même soir l'ordre matériel est rétabli.

Il fallait chercher un moyen de calmer les susceptibilités en éveil. Le conseil des ministres pensa le trouver en augmentant, le 10 février, la solde des officiers en disponibilité. Les sentiments hostiles de l'armée n'en persistèrent pas moins. Des pétitions pour le renvoi du ministère circulaient parmi les cheiks des provinces et du Caire. Le cabinet français engagea notre consul général à éviter toute démarche qui pourrait avoir l'apparence d'une intervention quelconque dans des mouvements du genre de l'émeute militaire. Il lui recommanda également de ne pas prendre parti dans les questions de modifications ministérielles qui s'agiteraient autour du khédive. Puis quatre jours après, afin d'avoir du vice-roi des explications plus complètes, M. Barthélemy Saint-Hilaire mandait en France le baron de Ring et chargeait le gérant du Consulat de soutenir, d'accord avec le représentant britannique, « les ministres actuels du khédive ou ses ministres futurs ».

Sur ces entrefaites un incident se produisit qui sembla un instant améliorer la situation. Vers les premiers jours de mars 1881, un certain Youssef Pacha, chef de la Daïra du prince Tewfik, fut accusé d'avoir fait circuler une adresse au vice-roi par laquelle les sous-officiers déclaraient avoir complètement ignoré le but du mouvement du 1er février qui leur avait été commandé par leurs chefs.

Les officiers supérieurs se plaignirent au Président du conseil égyptien de ce fait qui compromettait gravement la discipline. Riaz Pacha se rendit auprès de Tewfik pour lui demander le renvoi de Youssef qui lui fut accordé. Cette démarche rendit au ministre une certaine faveur dans l'armée, sans toutefois diminuer ses prétentions. Des pétitions furent signées pour obtenir un règlement concernant son service. Le 9 avril Riaz Pacha soumit au conseil un projet de commission composée des officiers étrangers au service de l'Égypte et d'officiers indigènes pour élaborer une loi militaire. Tewfik Pacha signa le décret du 21 avril. En même temps il augmentait la solde des militaires de tous grades.

Ces mesures produisirent le meilleur effet dans l'armée. On ne pouvait malheureusement les considérer que comme un palliatif temporaire puisque la discipline était loin d'être rétablie. La situation demeurait d'ailleurs difficile. Maintenir en activité de service tous les officiers nommés par Ismaïl Pacha était impossible ; il y en avait 2,000 pour 12,000 hommes de troupes et, d'autre part, tout procédé employé pour réduire cet effectif devait forcément faire naître le mécontentement. Il aurait fallu, pour éviter une crise, que Tewfik Pacha exerçât sur son armée une action formelle et qu'il poursuivît ce but avec décision et énergie. Un semblable conseil que lui donnait le gérant du consulat de France avait peine à être entendu par un prince naturellement faible et chez qui l'hésitation s'élevait trop souvent à la hauteur d'un principe.

L'élément militaire en profitait. M. Monge écrivait le 30 mai à M. Barthélemy Saint-Hilaire : « Les officiers préparent, paraît-il, « une nouvelle pétition qu'ils adressent au « colonel Ahmed Arabi qu'ils considèrent

« comme leur véritable et unique chef et qui
« doit être remise par celui-ci au Conseil des
« ministres. » Ce personnage que l'on voit
apparaître pour la première fois sur la scène
politique devait prendre sur les troupes l'as-
cendant que Tewfik Pacha ne savait pas acquérir. Il réclamait une augmentation de
l'armée dont l'effectif serait porté à 18,000
hommes, la construction de nouveaux forts
aux environs du Caire et sur les côtes de la
Méditerranée. Les mesures purement militaires auraient pu, au besoin, expliquer son
intervention. Mais il ne s'en tenait pas là et
prétendait modifier l'organisation constitu-
tionnelle de l'Égypte. Il voulait la création
d'une Chambre des notables devant laquelle
serait responsable le ministère choisi par le
khédive et qui serait appelée à voter le budget. Ces idées, grâce à l'inertie du gouvernement, gagnaient de jour en jour, même dans
l'élément civil. Quant à l'armée elle était
divisée en deux partis bien distincts et celui
qui s'était rallié au ministère était de beaucoup
le plus faible.

Au dernier moment, pour donner plus de

force à leur pétition les officiers décidèrent de la faire signer et présenter par les principaux notables qui partageaient leur opinion au sujet des affaires d'Égypte. Ils promirent à ceux-ci de les soutenir et de les défendre. Mais, comme le faisait remarquer le gérant du consulat en transmettant cette nouvelle au ministre, « l'Arabe est craintif », et aucun notable ne voulut donner son assentiment au projet militaire qui fut provisoirement abandonné.

Les prétentions de l'armée ne l'étaient pas. Depuis l'émeute du 1ᵉʳ février tous les officiers des régiments étaient nommés sur la proposition des colonels. C'était un moyen pour ces derniers de choisir à leur gré les auxiliaires qu'ils entendaient s'assurer. La commission instituée le 20 avril par le khédive maintint cette disposition que l'état des esprits rendait dangereuse.

Les officiers européens furent à peu près seuls à en demander la suppression. Le 3 juillet, au contraire, ils se trouvèrent en communauté d'idées avec les indigènes pour décider l'augmentation de l'effectif de l'armée qui serait porté à 18,000 hommes. Ce vœu, en un pareil moment, ressemblait singulièrement à un ordre et les ministres en furent émus, avec d'autant plus de raison que l'indiscipline des troupes augmentait sans cesse. L'anarchie faisait aussi de rapides progrès dans tout le pays, même chez le fellah, généralement bien docile à ses maîtres. « Le mudir dans les villages, disait le gérant de notre consulat, n'a plus d'action sur lui. » Preuve trop certaine de l'atteinte portée par les exigences militaires au principe d'autorité.

Rien ne pouvait contenter l'armée qui paraissait de moins en moins dévouée au khédive. Il espéra rétablir son influence en confiant le ministère de la guerre à Daoud Pacha, son beau-frère. Cette nomination, faite le 13 août, ne lui laissa pas un long répit. Le 10 septembre, sur la demande expresse des colonels, le vice-roi dut signer immédiatement le renvoi de Riaz Pacha et prendre à sa place Chérif Pacha comme premier ministre. Cette pression insolente dénotait les progrès accomplis par le parti militaire et donnait à prévoir ce qui pouvait advenir. Dès cette époque notre consul général jugeait la situation assez grave pour demander au cabinet de Paris d'avoir une division navale au Pirée.

II.

M. Barthélemy Saint-Hilaire se préoccupait des éventualités qui pouvaient se produire. Il crut bon de se concerter à nouveau avec l'Angleterre. L'entente loyale des deux gouvernements dans les affaires de l'Égypte avait été la meilleure sauvegarde de leurs intérêts respectifs dans ce pays comme des intérêts de l'Égypte elle-même.

Elle avait rétabli l'ordre dans les finances. Elle saurait aussi, pensait-il, assurer la tranquillité du pays et ramener le calme dans les esprits.

L'accord des puissances occidentales suffisait donc pleinement à ses yeux et, comme jadis M. Waddington, il voulait supprimer un prétexte d'intervention à la Porte, qui se montrait toute disposée à s'affirmer en Égypte.

Il s'agissait avant tout de restaurer l'autorité de Tewfik Pacha déjà sérieusement ébranlée. En face du khédive impuissant, Arabi disposait des troupes et d'une partie de la population égyptienne. Sans doute le ministère des finances fonctionnait toujours. Le calme régnait au Caire. Mais les colons européens appréhendaient les suites d'une occupation turque et d'autre part une intervention de troupes européennes pouvait provoquer des désordres. Le 15 septembre, le cabinet français invitait le consul général à soutenir *avec énergie* Chérif Pacha et le vice-roi en se tenant toujours d'accord avec les représentants de l'Angleterre. Le même jour il demandait à Lord Granville une démarche de son ambassadeur en Turquie pour faire connaître à la Porte et appuyer auprès d'elle le désir du gouvernement khédivial de voir le sultan renoncer à l'idée d'envoyer un corps d'armée en Égypte.

Les troupes turques sont lentes à se mobiliser. Il y avait donc là de quoi rassurer les puissances occidentales. Mais Abdul Hamid n'en voulut pas moins profiter des circonstances pour manifester une fois de plus sa suzeraineté. Il fit porter à Tewfik Pacha une lettre « félicitant le khédive de sa conduite et lui donnant l'assurance des sentiments bienveillants qu'il professait à l'égard de sa personne comme à l'égard de ses sujets égyptiens ». M. Barthélemy Saint-Hilaire chargea, le 4 octobre, notre représentant à Constantinople d'agir auprès de la Porte pour abréger le plus possible cette mission de Nizami-Pacha et d'Ali-Fuad Bey que ses conseils n'avaient pu empêcher. Lord Dufferin reçut de Londres les mêmes instructions.

Le 8 octobre, le quai d'Orsay fut averti par lord Lyons que le gouvernement britannique se proposait, pour diminuer le danger d'une panique, d'envoyer un navire au port d'Alexandrie. Le ministre français déclara qu'il s'entendrait avec son collègue de la marine pour qu'un vaisseau de la flotte s'y rendît également. Il ajouta : « Je saisis bien volontiers cette nouvelle occasion de témoigner notre complète intelligence. »

Le sultan se montra moins heureux d'une entente aussi cordiale, et, aussitôt informé de l'envoi projeté des deux bâtiments de guerre, il fit parvenir aux ambassadeurs de France et d'Angleterre à Constantinople une protestation contre cette mesure. Les cabinets de Paris et de Londres tinrent de ses observations le même compte qu'il avait tenu des leurs. Peu leur importait l'assentiment de la Porte. Ils trouvaient au contraire, dans la démonstration navale, un moyen de contrebalancer l'envoi des commissaires turcs.

Mais afin de faire éclater aux yeux de tous l'union des deux puissances, M. Barthélemy Saint-Hilaire avertit, le 17 octobre 1881, notre consul général au Caire que l'*Alma* devrait attendre pour quitter Alexandrie le départ du navire anglais dont l'arrivée prochaine était annoncée au même mouillage. Les bâtiments français et anglais concerteraient leurs mouvements et lèveraient l'ancre en même temps, aussitôt après le départ des envoyés de la Porte. C'est ce désir qu'il chargeait M. Challemel-Lacour, alors notre ambassadeur à Londres, d'exprimer formellement au gouvernement de la Reine.

Il importait, en effet, de bien établir les droits communs et réciproques des deux puissances. C'est ce que fit M. Barthélemy Saint-Hilaire, le 17 octobre 1881, dans une lettre à notre consul général au Caire, lettre qui vaut la peine d'être conservée tout entière, car elle est un résumé remarquable de la situation à ce moment de l'histoire en même temps qu'un programme aux vues élevées. « *La prépondérance incontestable de la France et de l'Angleterre en Égypte,* disait le ministre, *tient à des causes d'une force irrésistible.* La France a dans ce pays comme dans toute cette partie de l'Orient des traditions séculaires qui lui ont constitué un prestige et une autorité qu'elle ne peut pas laisser s'amoindrir. A la fin du siècle dernier, notre expédition, moitié scientifique moitié militaire, a ressuscité l'Égypte qui depuis lors n'a pas cessé d'être l'objet de notre sollicitude et de celle de l'Europe. C'est un officier français qui a organisé l'armée égyptienne sous Mehemet Ali; en

1840, la France risquait une guerre européenne pour soutenir les droits du vice-roi. Quinze ans après, elle a entrepris et achevé en quelques années le canal de Suez, qui a ouvert une voie nouvelle au commerce de l'univers, et le développement prodigieux du trafic qui y passe déjà prouve combien cette œuvre était utile. Enfin la France a, sur toutes les parties du sol égyptien, une colonie très nombreuse qui a le droit de compter sur sa protection.

L'Angleterre a de son côté une position, qui, sans être identique, n'est pas moins considérable. Si sa colonie n'est pas à beaucoup près aussi nombreuse, si sa part n'est pas aussi importante dans l'œuvre du canal de Suez, c'est elle qui en forme presque toute la clientèle, puisque ses bâtiments de toute sorte qui y passent composent à peu près les quatre cinquièmes du trafic total. De plus, le canal qui joint la Méditerranée à la mer Rouge est désormais pour la Grande-Bretagne la voie indispensable qui la met en rapport avec cette incomparable colonie qu'elle possède dans les Indes.

On peut donc dire que la France et l'Angle-terre, tout en ayant en Égypte des intérêts de nature fort différente, y ont pourtant des inté-rêts égaux, et de là vient pour les deux pays la nécessité impérieuse de s'accorder pour la défense de ces intérêts.

La restauration inespérée des finances égyptiennes suffit pour démontrer tout ce que peut produire la bonne intelligence de deux nations puissantes et civilisées. Le but auquel doivent tendre les agents des deux pays, c'est de toujours maintenir la balance égale et de faire à la concorde indispensable tous les sacrifices qu'elle exige.

Il faut tâcher que dans tous les services auxquels participent les Anglais et les Fran-çais, la part soit identique autant que pos-sible et quand, par la nature des choses, elle ne peut pas l'être, il faut au moins que des compensations équitables rétablissent l'équi-libre. *Il ne doit pas y avoir de rivalités, il ne doit y avoir qu'un concours sympathique et une émulation qui rapprochent les personnes au lieu de les diviser.* »

Ces espérances font honneur à la générosité de l'homme qui les concevait. Elles étaient dignes d'un philosophe, mais ne prouvent pas un politique très perspicace. Sa connaissance théorique du cœur humain faisait oublier à M. Barthélemy Saint-Hilaire l'expérience pratique des hommes d'État et l'égoïsme utilitaire du peuple anglais. Ce n'est pas avec nos voisins d'Outre-Manche que l'on peut lutter de sentiments désintéressés. L'avenir devait clairement le prouver.

Notre ministre retrouvait une vue plus nette de la situation quand il ajoutait : « Mais quels que soient les progrès qu'a faits l'Égypte depuis un demi-siècle, il est de la dernière évidence que, pour se gouverner elle-même, elle a besoin longtemps encore de la tutelle de la France et de l'Angleterre. »

« La prospérité de l'Égypte n'a rien d'incompatible avec leur coopération et c'est dans cette prospérité même qu'elle pourra trouver plus tard l'indépendance administrative à laquelle elle vise. »

Ce que M. Barthélemy Saint-Hilaire énonçait en termes généraux et un peu vagues prenait une forme plus précise dans les ins-

tructions adressées par le comte Granville
à son consul général au Caire, le 4 novembre
1881. Le ministre anglais commençait par
affirmer que le gouvernement de la Reine
avait seulement en vue la prospérité de
l'Égypte. Ces déclarations de principe font
toujours bien aux yeux du public. Puis il
passait en revue l'extension de l'éducation,
l'abolition des impôts vexatoires, l'établissement de l'impôt foncier sur une base régulière et équitable, et reconnaissait que toutes
ces mesures étaient dues à l'action des contrôleurs généraux français et anglais. « Il reste,
disait-il, à effectuer la réforme de la justice
telle qu'elle est administrée aux indigènes.
Nous réprouverions avec énergie toute tentative d'imposer au peuple égyptien un
système de jurisprudence qui serait en contradiction avec celui dont il a hérité de ses
ancêtres. C'est pourquoi nous nous sommes
toujours opposés à l'extention de la juridiction des tribunaux mixtes aux procès
entre les indigènes. » Aussi avait-il été fort
satisfait d'apprendre que Chérif Pacha,
dès son arrivée aux affaires, avait chargé le

ministre de la justice de s'occuper de cette question.

Les déclarations politiques du cabinet de Londres étaient plus importantes encore. Le consul général britannique avait écrit à son ministre que l'on croyait Riaz Pacha spécialement appuyé par l'Angleterre et que l'on attribuait son maintien en fonctions par le khédive au désir de ne pas offenser le gouvernement de la Reine. Le comte Granville répondait sur ce point : « On ne saurait trop « faire entendre que l'Angleterre ne désire « en Égypte aucun ministère de partisans. » Et il ajoutait cette réflexion très juste : « Un « ministère qui reposerait sur l'appui d'une « puissance étrangère ou sur l'influence « personnelle d'un agent diplomatique étran- « ger ne serait apte à rendre service ni au « pays qu'il est chargé d'administrer, ni au « pays dans l'intérêt duquel il serait censé « maintenu au pouvoir. »

Le chef du foreign office pensait à peine nécessaire de s'appesantir sur le désir du ministère anglais de conserver à l'Égypte l'indépendance administrative que lui avaient garantie les firmans du sultan. « D'un autre côté, disait-il, le lien qui unit l'Égypte à la Porte est une précieuse sauvegarde contre toute intervention étrangère. Si ce lien était rompu, l'Égypte pourrait, dans un avenir très rapproché, se trouver exposée à des dangers causés par des ambitions rivales. »

Voilà donc le programme de l'Angleterre vigoureusement tracé. Ses vues sont encore désintéressées à cette époque. Il n'en sera pas de même dans la suite, parce que la situation respective des deux pays sera changée par la regrettable faiblesse du gouvernement français.

Mais rien ne permet de mettre en doute la parole du comte Granville, lorsqu'il déclare, le 4 novembre 1881, son intention de maintenir l'état de choses existant. Il a soin toutefois de ne pas se lier les mains pour l'avenir : « L'unique circonstance, déclare-t-il, qui pourrait nous forcer à nous départir de la ligne de conduite ci-dessus indiquée serait l'apparition d'un état d'anarchie en Égypte. Nous nous fions au khédive, à Chérif Pacha et au bon sens du peuple égyptien pour empêcher pareille catastrophe. »

Le 8 novembre, après avoir eu connaissance de ces instructions que l'ambassadeur d'Angleterre à Paris lui avait communiquées, M. Barthélemy Saint-Hilaire déclarait : « D'une manière générale, le gouver- « nement de la République se trouve « d'accord avec le gouvernement de la « Reine sur le point de vue auquel les ques- « tions actuellement posées en Égypte, doi- « vent être envisagées. » La communauté de vues apparaissait ainsi nettement établie entre Paris et Londres.

Le 15 novembre 1881, le journal officiel égyptien publiait la dépêche du comte Grânville. C'était faire connaître à l'Europe tout entière la situation respective de la France et de l'Angleterre, et lui communiquer à l'avance leurs projets pour l'avenir. C'était aussi lui permettre de juger en connaissance de cause la façon dont elles tiendraient leur parole.

En exprimant la pensée que le cabinet français partageait sa manière de comprendre les choses, le comte Granville avait émis le vœu que l'utile coopération des deux puissances occidentales ne fut pas troublée par un désir d'agrandissement personnel. On ne saurait assez déplorer que ce souhait n'ait pas pu se réaliser par la faute de celui-là même qui l'avait formé.

—

CHAPITRE IV.

LA NOTE DU 7 JANVIER.

I.

Le 11 novembre 1881, le ministère Ferry se retirait devant un vote hostile de la Chambre des députés. Trois jours après, la direction des intérêts français en Égypte se trouvait une fois de plus confiée à de nouvelles mains. Une circonstance pouvait, à vrai dire, atténuer les regrets éprouvés ; le ministre dorénavant chargé des affaires étrangères s'appelait Gambetta.

Par la situation toute particulière qu'il occupait avant son arrivée au pouvoir il était depuis longtemps au courant de la question égyptienne. Ses relations personnelles avec le prince de Galles permettaient en outre d'espérer pour l'accord anglo-français un point d'appui plus solide que par le passé. Sans doute l'héritier de la couronne est dépourvu en principe d'autorité sur les ministres, mais il peut devenir, à un moment donné, un intermédiaire dont le concours est à rechercher. Les événements n'ont pas permis d'en user et cette heureuse influence que le chef du cabinet français aurait fait servir au bien du pays n'a pas eu l'occasion ni le temps de s'exercer.

Dès le 28 novembre, le consul général de France au Caire avertissait Gambetta du rôle que la Chambre des notables menaçait d'exercer sur les destinées de l'Égypte. Elle devait se réunir seulement le 23 décembre, mais il semblait indispensable à notre agent que les ministres égyptiens prissent à l'avance les mesures nécessaires pour s'assurer une majorité qui saurait empêcher l'adoption de projets aventureux.

La situation paraissait grave au président du Conseil qui faisait à lord Lyons l'aveu de ses inquiétudes. On se trouvait en présence

d'un gouvernement « animé de bonnes in-
« tentions, mais faible et toujours à la merci
d'un mouvement militaire » en face duquel
s'élevait une armée « apaisée en apparence,
mais travaillée par des intrigues et toute
prête à suivre des chefs ambitieux ». Aussi
Gambetta craignait-il que « l'équilibre actuel
ne fût troublé par les revendications de la
Porte et par les convcitises de l'ancien
khédive Ismaïl Pacha dont on rencontrait à
chaque instant la main dans les intrigues
égyptiennes[1] ». Il jugeait donc utile pour les
deux puissances occidentales de se mettre
d'accord sans plus de retard sur les moyens
les plus propres « soit à prévenir une crise,
s'il était possible d'en empêcher l'explosion,
soit à y remédier si elle était inévitable ».

On avait d'autant plus lieu de se hâter que
la Porte suivait avec une attention soutenue
les affaires d'Égypte. En décembre 1881, elle
fit ses réserves au sujet du droit que pensait
avoir le gouvernement égyptien de conclure
des traités de commerce. Elle avertit de plus

1. Gambetta, Challemel-Lacour, 15 décembre 1881.

le khédive qu' « *elle ne saurait admettre que la Chambre des notables prît les allures d'un parlement* ». Le malheureux Towfik Pacha se trouvait placé entre l'enclume et le marteau, car, à l'heure même où le suzerain rappelait avec une certaine amertume ses droits, le gouvernement égyptien affirmait les siens en portant le budget de la guerre pour 1882 de 360.000 livres à 522.961. Les prétentions du ministre étaient même plus considérables, mais les contrôleurs généraux avaient évité le danger en remettant au Conseil une note par laquelle, sans se préoccuper de l'effectif, ils précisaient nettement qu'aucun crédit supplémentaire ne pourrait être voté dans l'exercice prochain.

Malgré cet état de choses, lord Granville fit un accueil assez froid aux ouvertures de Gambetta. Il lui semblait grave, disait-il, d'examiner dès à présent les mesures à prendre en prévision d'événements qui appartenaient à l'avenir et de hâter peut-être ainsi le péril au lieu de le conjurer. A quoi le ministre français riposta justement qu'il était plus dangereux encore de se laisser prendre au dépourvu. Il proposa donc au Foreign Office, le 30 décembre 1881, de charger concurremment les agents de France et d'Angleterre de donner au khédive, à l'occasion de la réunion de la Chambre des notables, l'assurance officielle de l'appui de leurs deux gouvernements contre toutes les difficultés qui pouvaient surgir de la situation actuelle de l'Égypte. « Le principal intérêt de cette démarche, écrivait Gambetta à Challemel-Lacour, me paraît être d'affirmer, avec plus de précision encore que par le passé, la ferme volonté de la France et de l'Angleterre de rester unies à l'avenir aussi bien que dans le moment présent pour parer à toutes les complications que nous pouvons redouter de voir se produire en Égypte. »

L'Angleterre craignait encore par-dessus tout d'avoir à intervenir ; voilà pourquoi elle évitait de se compromettre. Lord Granville se montra peu enthousiaste à l'idée d'une pareille déclaration. Il finit pourtant par l'accepter le 6 janvier 1882, mais en faisant spécifier par l'ambassadeur de France à Londres qu' « *il était bien entendu que les instructions communes n'entraîneraient aucun engagement d'action effective et qu'elles avaient pour but unique d'exercer une action morale sur le khédive en l'assurant une fois de plus de l'accord des deux puissances[1] ».*

À l'heure même où l'on affirmait l'entente, il y avait divergence entre les deux cabinets sur le sens qu'il y fallait attacher. En dépit de la dépêche très claire de Challemel-Lacour, les vues de Gambetta sur la politique à suivre vis-à-vis de l'Égypte l'empêchèrent de bien saisir celles de lord Granville. Il faut, en effet, reconnaître que, malgré sa vaste intelligence, notre ministre des affaires étrangères s'est complètement mépris sur les projets du cabinet anglais. On a vu les termes dans lesquels notre ambassadeur à Londres annonçait l'adhésion du Foreign Office, adhésion nettement limitée à une démarche qui ne devrait pas avoir de sanction pratique. Comment, après cela, Gambetta put-il admettre, en déclarant cette réserve commune à la France,

1. Challemel-Lacour, Gambetta, 6 janvier 1882. Livre jaune, 1881-1882, p. 22.

« que le gouvernement de la Reine se réservait seulement sur le mode d'action à employer par les deux pays, le jour où l'action serait jugée nécessaire ». C'est ce qu'on a de la peine à s'expliquer. Confusion regrettable en tous cas, puisque cette différence d'interprétation devait peser sur les relations entre les deux cabinets.

La Porte eut vent de la démarche que projetaient les puissances occidentales et le ministre des affaires étrangères ottoman vint, le 6 janvier, trouver l'ambassadeur de France à Constantinople pour lui dire que « le Sultan verrait avec satisfaction qu'il ne fût pas donné suite au projet ». Gambetta ne crut pas que cette demande dût modifier sa ligne de conduite et, le 7 janvier 1882, il adressait à notre consul général au Caire les instructions suivantes : « *Je vous prie de déclarer à Tewfik Pacha, après vous être concerté avec sir Edouard Malet (qui est invité à faire simultanément avec vous une déclaration identique) que les gouvernements de France et d'Angleterre considèrent le maintien de Son Altesse sur le trône, dans les* conditions qui sont consacrées par les firmans des sultans et que les deux gouvernements ont officiellement acceptées, *comme pouvant seul garantir, dans le présent et pour l'avenir, le bon ordre et le développement de la prospérité générale en Égypte* auxquels la France et l'Angleterre sont également intéressées ». « Les deux gouvernements, ajoutait le ministre, ne doutent pas que l'assurance publiquement donnée de leur intention formelle ne contribue à prévenir les périls que le gouvernement du khédive pourrait avoir à redouter, périls qui, d'ailleurs, trouveraient certainement la France et l'Angleterre unies pour y faire face. »

II.

Cette déclaration sur laquelle comptait beaucoup Gambetta ne devait pas produire les résultats qu'il en attendait. Tout d'abord la note identique du 7 janvier fut mal comprise dans certaines sphères. On crut y voir une appréciation défavorable de la Chambre des notables et les encouragements donnés au khédive semblèrent un acte de défiance vis-à-vis du parti national.

Si les partisans d'Arabi se montraient peu satisfaits, le gouvernement de Tewfik Pacha ne paraissait pas très reconnaissant de ce qu'on avait fait pour lui. Notre consul général apprit son intention de répondre à la note anglo-française pour en contester l'opportunité. Il s'empressa de faire ressortir auprès de Chérif Pacha les dangers d'un pareil procédé. Sa conduite à ce sujet eut la pleine approbation du quai d'Orsay.

La situation était d'autant plus délicate pour Gambetta qu'il n'était rien moins qu'assuré du consentement de l'Europe à ses projets. Dès le 10 janvier, notre chargé d'affaires à Berlin lui annonçait que, suivant ses instructions, il avait cherché à s'informer. « D'après les renseignements que j'ai recueillis, disait-il, et que j'ai lieu de croire, sinon entièrement authentiques, du moins se rapprochant fort de la vérité, un échange d'idées s'est produit entre l'Allemagne, la Russie, l'Autriche et l'Italie au sujet de l'attitude qu'il conviendrait d'observer si de nouveaux troubles de la nature de ceux qui ont éclaté en Égypte il y a peu de mois venaient à se produire. Il résulterait de ces pourparlers que les cabinets de l'Europe orientale seraient unanimes, bien qu'à des degrés divers, à repousser l'hypothèse de la descente sur les bords du Nil de forces anglo-françaises et que la solution qui leur paraîtrait la seule praticable serait l'envoi de régiments turcs après entente préalable de la Porte avec les cabinets de Paris et de Londres et avec l'adjonction, au besoin, d'une démonstration navale de ces deux puissances. »

A cette communauté de vues des quatre gouvernements, le ministre français n'avait même pas la ressource d'opposer un accord parfait avec l'Angleterre. Lord Grandville, craignant en effet que la déclaration du 7 janvier ne l'entraînât plus loin qu'il ne voulait, insistait auprès du quai d'Orsay sur l'utilité de rédiger en commun une seconde note explicative. Gambetta fit remarquer à lord Lyons l'inconvénient d'une pareille démarche qu'il trouvait inutile si elle confirmait la première ou dangereuse si elle la contredisait, donnant ainsi un encouragement presque direct aux adversaires de l'ordre de choses établi en Égypte. « *Il n'y avait rien*, disait-il, *qui dans la note du 7 janvier fût dirigé soit contre la Chambre des notables, soit contre aucun parti, soit contre les aspirations raisonnables du peuple égyptien.* » Il n'y était parlé d'aucun projet immédiat d'intervention armée et le ton n'en était à aucun endroit comminatoire. Pourquoi, dès lors, chercher à en atténuer l'effet? Dans tous les cas, alors même qu'une décision nouvelle serait prise par les gouvernements de Paris et de Londres, il semblait indispensable à Gambetta (et notre ministre avait pleinement raison d'insister sur ce point) qu'aucune divergence ne pût être relevée dans le langage des agents des deux puissances au Caire. « *Leur attitude commune*, déclarait-il, *doit être telle qu'elle décourage à l'avance les tentatives qui pourraient être faites pour les isoler l'une de l'autre.* » Là était en effet le danger qu'il fallait, dès le début, s'efforcer de conjurer. En y consacrant tous ses soins, Gambetta pressentait l'avenir.

Les difficultés d'ordre diplomatique étaient compliquées par les réclamations égyptiennes. La Chambre des délégués paraissait disposée à exiger que le droit de voter le budget lui fût accordé. Ce droit aurait compromis les garanties assurées aux créanciers, car il aurait eu pour conséquence nécessaire de faire passer du conseil des ministres à la Chambre la direction des affaires du pays. Les contrôleurs généraux protestèrent contre une mesure « d'autant plus grave que l'inexpérience de la Chambre était incontestablement réputée et que ses dispositions à l'égard de l'élément européen dans l'administration étaient certainement hostiles ». Leur unique pouvoir, faisaient-ils observer, consistait dans la faculté de signaler par des rapports les actes de mauvaise administration. Efficace vis-à-vis de ministres choisis par le khédive, il deviendrait illusoire vis-à-vis d'une Chambre irresponsable. D'autre part, il n'était pas certain que refuser à celle-ci le droit de voter le budget n'amenât pas une crise. Aussi le 12 janvier

1882, M. de Blignères demanda-t-il des instructions sur l'attitude qu'il devait prendre.

La situation s'aggravait rapidement. Le 14 janvier une conférence eut lieu au Consulat général de France. Les deux contrôleurs généraux et le représentant de l'Angleterre y assistaient. Un conflit semblait imminent entre la Chambre et le ministère dont la position demeurait difficile, étant donnés ses rapports avec les puissances occidentales. On démontrait à l'Université de l'Azhar qu'une intervention de ces dernières était impossible parce qu'elle soulèverait l'opposition des autres gouvernements européens. Circonstance fâcheuse, cette opinion se trouvait partagée par le consul britannique aux yeux duquel l'accord anglo-français était insuffisant. Il disait en particulier à notre agent au Caire « qu'une démonstration de toutes les grandes puissances pourrait seule avoir pour effet de calmer l'armée et les notables ». En présence de ses dispositions, M. Sienkenwicz exprimait à Gambetta l'avis qu'il n'était pas opportun, en ce moment, d'envoyer un croiseur en Égypte.

Le cabinet de Londres avait plus de confiance que son représentant dans l'entente avec le quai d'Orsay. Lord Granville faisait dire à Gambetta, par l'intermédiaire de notre ambassadeur, qu'il attachait la plus grande importance à ce que l'union des deux pays fût « non seulement réelle mais apparente ». Ainsi que le ministre français, il considérait comme inadmissibles les prétentions de la Chambre en matière de budget. Mais il estimait que chacun des deux agents français et anglais devait avoir une certaine latitude pour le tour à donner aux explications qu'il pouvait être amené à fournir au gouvernement égyptien.

Cette manière de voir à laquelle Gambetta consentit à se ranger avait un côté regrettable. C'était comme une fissure au travers de laquelle pouvait se glisser un malentendu. On avait beau convenir que M. Malet avertirait son collègue des raisons qui le feraient agir et qu'il en délibérerait d'abord avec lui ; les démarches isolées risquaient de laisser percer un désaccord ou tout au moins des divergences d'appréciation qu'il eût mieux valu ne pas faire connaître.

III.

L'Égypte entrait chaque jour davantage dans l'ère des difficultés intérieures. Ainsi que notre consul général en avertissait le quai d'Orsay, la Chambre des délégués, dirigée par un comité de 16 membres, qui subissait lui-même la pression des colonels, voulait s'emparer du gouvernement du pays. L'armée appuyait ses prétentions. Les ministres n'avaient pas la confiance du khédive qui se trouvait ainsi complètement isolé,. et le parti national ne cherchait qu'une occasion de les renverser. Les allures d'Arabi demeuraient toujours celles « d'un prophète et d'un dictateur ». Comme il arrive souvent aux chefs de parti, il était le prisonnier de ceux qu'il conduisait officiellement et, suivant l'observation de M. Sienkenwicz, il lui aurait été impossible de changer d'attitude. Les officiers commençaient à exercer sur lui une sorte de surveillance.

Une campagne de banquets se poursuivait

depuis la réunion de la Chambre. Colonels et notables s'encourageaient réciproquement à maintenir le programme de réformes que la France et l'Angleterre trouvaient inacceptable. De jour en jour le parti national accentuait son mouvement d'opinion contre les étrangers et contre le khédive qui passait pour s'appuyer exclusivement sur les deux puissances occidentales.

Gambetta n'en conservait pas moins sa manière de voir. Il demeurait aussi opposé que par le passé à une extension de pouvoirs qui changerait complètement le caractère de la Chambre des notables et il croyait le cabinet de Londres dans les mêmes dispositions.» *Les points essentiels sur lesquels aucune divergence ne doit exister,* disait-il le 17 janvier 1882, *se résument dans le maintien de l'organisation actuelle de l'Égypte soit au point de vue de l'équilibre français, soit au point de vue du régime politique*», et il ajoutait ; « Le premier ministre du khédive nous fournirait un grave sujet de plainte contre lui s'il contrecarrait nos efforts par ses desseins particuliers ou s'il les paralysait par sa faiblesse ».

Tout cela eût été fort bien si l'on avait pu compter sur l'Angleterre. Mais le jour même où Gambetta donnait ces instructions à notre consul général au Caire, il recevait de Challemel-Lacour des informations qui devaient lui causer une désagréable surprise. « Il est à peu près certain pour moi aujourd'hui, déclarait l'ambassadeur de France à Londres, que si le cabinet de Saint-James a envisagé l'éventuatité d'une action effective des deux puissances ç'a été, en fin de compte, pour l'écarter. *Lord Granville entendait, en effet, que la note collective ne devait être considérée que comme un encouragement purement platonique qui n'impliquait la promesse d'aucune sanction.* » . Le chef du Foreign-Office sembla, d'ailleurs, prendre à tâche de bien éclairer le gouvernement français sur ses intentions. Lorsque Challemel-Lacour lui exprima, suivant la recommandation de Gambetta, combien celui-ci avait été touché de son bon vouloir pour la démarche commune, lord Granville reprit aussitôt « qu'il n'avait jamais pensé que la note proposée pût être d'aucune utilité. Il avait seulement tenu à donner un témoignage du désir du gouvernement anglais de se montrer d'accord avec la France. »

Ces divergences de vues étaient-elles connues ou seulement devinées de l'Égypte? Il est difficile de le savoir. En tous cas elles paraissaient ne pas échapper au colonel Arabi qui admettait la possibilité d'une intervention des grandes puissances, alors qu'il considérait comme impossible l'intervention franco-anglaise.

IV.

Si l'Égypte s'était montrée peu satisfaite de l'immixtion des cabinets de Paris et de Londres dans ses affaires, la Porte n'en avait pas moins de mécontentement. Elle « inclinait à considérer comme une atteinte à son droit de suzeraineté le fait que la note des deux puissances n'avait point passé par Constantinople pour arriver au khédive. » Gambetta n'hésita pas à rappeler à l'ambassadeur de Turquie « les périls visibles que courait l'ordre de choses établi en Égypte, par suite des intrigues des divers prétendants, de la formation d'un parti militaire, des impatiences d'une assemblée nouvelle et inexpérimentée ». Il lui fit en outre observer « qu'annoncer la ferme volonté de maintenir les situations acquises, c'était défendre en somme l'œuvre de la Porte ». Pourquoi, dès lors, le gouvernement turc prenait-il ombrage d'une déclaration aussi conservatoire et aussi conforme au langage qu'il avait tenu lui-même à diverses reprises? Toutefois, pour bien témoigner qu'il n'y avait eu de la part des puissances occidentales aucune idée blessante dans leur conduite, Gambetta dit à Essad-Pacha que si la Porte insistait pour recevoir officiellement communication de la note du 7 janvier il n'y verrait, pour sa part, aucun inconvénient. Il fallait seulement « que l'Angleterre et la France s'entendissent pour que leurs ambassadeurs à Constantinople fussent chargés de remettre au gouvernement turc, chacun de son côté et en même temps, une note de tout point semblable à celle que nous avions adressée au khédive ». Cette proposition parut toucher médiocrement le représentant de la Porte. Elle convint mieux à l'Angleterre qui lui donna son agrément.

Le 21 janvier 1882 le parti des réformes en Égypte fit un nouveau pas en avant. Il saisit le président du Conseil d'un projet qui fut aussitôt communiqué aux contrôleurs et « qui ne tendait à rien moins qu'à abandonner indirectement le vote du budget à la Chambre ». Celle-ci nommerait, en effet, un nombre de délégués égal à celui des ministres et une commission composée de ce double élément serait chargée d'examiner et de voter le budget. Le président du Conseil aurait voix prépondérante. Pareille combinaison avait peu de chances de plaire aux puissances occidentales dont elle affaiblissait les pouvoirs financiers.

Avant même d'étudier les concessions possibles sur cette question du budget, il importait que le président du Conseil fit connaître aux délégués les modifications que devait subir leur projet de règlement organique. S'ils ne les acceptaient pas, il était superflu de se préoccuper des changements financiers proposés. C'est en ce sens que parla notre consul général dans une réunion chez son collègue britannique. Il retira, d'ailleurs, de cet entretien « la conviction que le gouvernement anglais n'entendait en aucune façon exercer en Égypte une action directe ». Il demeurait persuadé que le cabinet de Londres préférait une intervention collective des grandes puissances à une expédition anglo-française.

Alors que chacun avait cette idée, Gambetta seul conservait l'espoir de réaliser ses projets. Le 23 janvier 1882, M. Sienkenwicz lui définit la situation en ces termes: « ou transiger avec la Chambre ou intervenir ». Il charge alors notre ambassadeur à Londres de demander à lord Granville s'il ne croit pas que le moment approche de se concerter et de prendre certaines mesures d'action. « Les décrets du 18 novembre 1876 et du 15 novembre 1879 relatifs à la création et aux attributions du contrôle anglo-français constituent, dit-il, pour les deux puissances, un titre qui n'appartient qu'à elle ». Il en

conclue très justement: « La France et l'Angleterre n'ont pas besoin pour faire valoir ce
titre d'une délégation européenne. »

Ces affirmations étaient irréfutables. Elles
n'auraient même pas eu besoin d'être remises
en mémoire à un ministre décidé à l'action.
Malheureusement ce n'était pas encore le
cas de lord Granville. Le chef du Foreign-
Office laissa d'ailleurs entendre à Challemel-
Lacour qu'il ne serait pas éloigné de faire à
la Chambre des notables quelques concessions. « Il ne consentirait pas, disait-il, à
lui reconnaître le droit de s'immiscer en ce
qui concerne les recettes, mais il ne lui refuserait peut-être pas celui de se prononcer
sur certaines dépenses. » Notre ambassadeur
lui fit remarquer le danger que présentaient
les moindres concessions avec l'état d'esprit
attribué à la Chambre des notables. Elles
risquaient fort d'encourager ses prétentions
et celles du parti militaire au lieu de les mo-
dérer. D'ailleurs, si la Chambre des notables
persistait dans ses vues il importait de songer
aux mesures à prendre. Comme lord Granville déclarait toutes les combinaisons mau-

vaises, Challemel-Lacour lui riposta fort justement que la pire serait certainement celle qui admettait une intervention quelconque soit des puissances, soit de la Porte, au détriment de l'influence anglo-française.

La divergence d'opinions entre la France et l'Angleterre se retrouvait sur bien d'autres points. Si le cabinet de Londres avait consenti à transmettre à la Turquie la note du 7 janvier, lord Granville se bornait, dans un premier projet de dépêche à lord Dufferin, à établir par les précédents le droit pour les deux puissances de s'adresser directement au khédive sans passer par l'intermédiaire de la Turquie. Il laissait ainsi sans réplique l'assertion de la Porte qu'il n'y avait rien dans la situation de l'Égypte qui pût donner prétexte à l'intervention de l'Angleterre et de la France. Gambetta le lui fit observer ; la dépêche fut revisée. Dans le nouveau projet lord Granville tendait principalement à donner pour base à l'entente des deux puissances la loi de liquidation. Le gouvernement français estimait au contraire qu'elle avait « pour point d'appui spécial » les décrets relatifs à la constitution du contrôle. En tous cas le quai d'Orsay tenait à bien établir que la communication éventuelle de la note du 7 janvier aux ministres du sultan n'était pas une réponse aux exigences de la Porte. Son seul objet serait de « maintenir le droit que la France et l'Angleterre avaient eu d'agir comme elles l'avaient fait en Égypte ».

<h2 style="text-align:center">V.</h2>

A l'instant où Gambetta revendiquait en termes si précis les privilèges des deux puissances occidentales, notre consul général au Caire l'avertissait de la gravité de la situation. « Une intervention en Égypte, disait-il dans sa dépêche du 29 janvier 1882, pourrait rencontrer des obstacles plus sérieux qu'on ne le croit généralement. Les esprits sont tellement surexcités et familiarisés même avec l'idée d'une lutte contre l'étranger que l'on devrait s'attendre à une résistance dans le cas surtout où ce seraient des troupes françaises et anglaises qui débarqueraient en Égypte. Déjà tout un plan de défense est arrêté. » Il y avait dans ces informations d'un spectateur en général bien éclairé de quoi donner singulièrement à réfléchir. La fin de la dépêche devait plus encore porter un coup aux espérances du ministre français, car elle était en opposition complète avec sa politique. « Le moment actuel, déclarait M. Sienkenwicz, est donc très défavorable à une intervention, par cela seul qu'on s'apprête à la repousser. Ce n'est guère que dans le cas où toutes les grandes puissances s'accorderaient à reconnaître qu'une intervention est nécessaire qu'elle pourrait avoir lieu dans des conditions avantageuses. »

C'était une heure cruelle pour Gambetta. Sa tentative pour faire adopter le scrutin de liste échouait devant la majorité de la Chambre et le ministère était obligé de se retirer. S'il avait pu, du moins, se consoler de ses déboires à l'intérieur par une satisfaction qu'eût éprouvée son patriotisme! De ce côté encore il ne rencontrait qu'amertume et désillusion. La force d'inertie opposée par l'Angleterre aux démarches actives sou-

haitées par le quai d'Orsay, sa mauvaise volonté qu'elle déguisait sous l'apparence de
négociations dilatoires avaient triomphé de
l'ardeur du ministre français.

Peut-être lord Granville craignait-il
qu'un gouvernement dirigé par Gambetta
eût un trop beau rôle à jouer en Égypte et
qu'il trouvât le moyen de réduire à la portion congrue ou même d'effacer l'influence
anglaise. Ses longues hésitations provenaient
sans doute du peu de désir qu'il avait d'une
intervention immédiate. Mais qui pourrait
dire qu'au fond de son cœur il ne souhaitât
pas l'avènement à Paris d'un cabinet moins
entreprenant et à qui le Foreign-Office aurait
moins de comptes à rendre ? Avec l'instabilité
ministérielle, qui semble malheureusement
une règle chez nous, pareil espoir n'était pas
chimérique.

Gambetta lui-même paraissait le comprendre. On aurait dit qu'il voulait se hâter
d'autant plus et profiter de son passage aux
affaires pour réaliser les projets que sa géné-
reuse ambition avait formés pour la grandeur
de son pays. Son rêve s'était évanoui. Il

quittait le pouvoir avec le regret d'une tâche incomplètement remplie. La France, malgré ses efforts, n'avait pas pris dans la question d'Égypte la position qu'il croyait lui convenir. Elle allait se trouver après lui entre les mains d'un ministre chez qui la fermeté de caractère ne s'alliait pas à la rapide compréhension des choses. La solution bâtarde proposée par le successeur de Gambetta et son échec devant le Parlement devait nous placer, vis-à-vis de l'Angleterre, dans une situation fausse d'abord et bientôt désastreuse.

CHAPITRE V.

I.

En arrivant au ministère, M. de Freycinet éprouva le besoin de connaître l'opinion du cabinet de Londres sur la conduite à suivre au Caire. Gambetta, en effet, avait cru que le gouvernement anglais admettait le principe d'une action en Égypte, et qu'il réservait seulement la détermination du mode à employer pour agir efficacement. Challemel-Lacour comprenait, au contraire, que lord Granville repoussait l'idée même de l'intervention. Lord Lyons déclara que cette manière de voir était la bonne.

L'attitude qu'elle impliquait convint à

M. de Freycinet qui s'empressa de l'approuver et d'en informer notre ambassadeur à Londres par la dépêche du 3 février 1882 : « Lord Lyons m'a dit qu'il allait écrire à lord Granville pour lui faire connaître que nous étions d'accord sur ces trois points :

1° Nous réservions notre adhésion à toute action effective ultérieure ;

2° Nous répugnions à l'emploi de moyens coercitifs ;

3° Nous étions contraires à l'envoi de troupes turques en Égypte. »

C'était un véritable recul dans cette question égyptienne. Jusqu'à ce moment, la France avait pris en mains la direction de la conduite commune. Elle paraissait maintenant abdiquer en faveur du gouvernement anglais et consentait à marquer le pas avant de se mettre à sa remorque. Concession d'autant plus fâcheuse qu'une crise grave se produisait alors en Égypte.

L'entente n'avait pu s'établir entre les délégués et le président du Conseil, et le 31 janvier 1882, M. Sienkenwicz écrivait à M. de Freycinet : « Il ne reste plus à Chérif

Pacha qu'à donner sa démission ou à dissoudre la Chambre. » Le 2 février, la commission qui représentait cette dernière se rendait auprès de Tewfik Pacha et, en lui remettant son projet de règlement, elle lui demandait le renvoi du chef du cabinet. Comme le khédive invitait les délégués à lui indiquer la loi en vertu de laquelle ils émettaient la prétention de changer les ministres, ils se bornaient à répondre que « Chérif Pacha n'avait pas la confiance du pays ». Pour éviter au vice-roi le désagrément d'une nouvelle manifestation militaire, Chérif donna sa démission. Les délégués, un instant en désarroi, se décidèrent à désigner au khédive Mahmoud Pacha comme président du Conseil. Arabi Pacha devenait ministre de la guerre.

A l'heure même où une atteinte aussi profonde était portée à l'autorité du khédive, les premiers drogmans des ambassades allemande, autrichienne, russe et italienne déclaraient, par une note verbale, au ministre des affaires étrangères ottoman que, « le *statu quo* ne saurait être modifié sans une entente préalable entre les grandes puissances et la puissance suzeraine. » Il est fâcheux qu'une démarche aussi caractéristique menaçât d'être dépourvue de sanction.

Du moment où Tewfik Pacha, contraint par la force des choses, acceptait les prétentions des délégués, les contrôleurs généraux se trouvaient dans une position délicate. Ils n'étaient plus en face du khédive et de ministres librement nommés par lui, mais « d'une chambre et d'une armée ». Aussi le 5 février M. de Blignères écrivait-il : « Si la situation faite par les derniers événements devenait définitive, je ne saurais plus assurer aux intérêts que j'ai mission de défendre les garanties que ma présence paraîtrait leur donner » et terminait-il en demandant à résigner ses fonctions. Il lui était difficile de les exercer avec fruit aussi longtemps que le président du Conseil français paraissait disposé à ne pas agir en Égypte.

L'attitude nouvelle du gouvernement avait, en effet, de quoi étonner nos agents et les mettre dans l'embarras. Notre consul général au Caire, habitué à recevoir de Paris des conseils d'une active énergie qu'il lui fallait plutôt tempérer, se trouvait maintenant obligé de provoquer des ordres en essayant de faire vibrer chez son ministre le sentiment de la responsabilité qu'il encourait par son inaction : « *Nous avons déclaré*, disait-il dans sa dépêche du 6 février, *que nous maintiendrions le statu quo, et ce statu quo a été modifié d'une manière profonde. Nous sommes donc placés dans la nécessité d'intervenir ou de modifier notre politique.* »

Ce dernier parti sembla préférable au nouvel hôte du quai d'Orsay qui voulait voir venir l'Angleterre. Il n'eut pas longtemps à attendre. Le même jour, lord Granville fit proposer par lord Lyons « que les gouvernements anglais et français entrâssent en communication avec les autres puissances pour s'assurer si elles seraient disposées à échanger leurs idées en ce qui concerne la meilleure conduite à tenir dans les affaires d'Égypte ». Il offrait les bases suivantes : maintien des droits du suzerain et de ceux du khédive en Égypte — libertés du peuple égyptien — stricte observation des engagements internationaux.

M. de Freycinet accepta, mais en ajoutant : « Nous réservons notre adhésion à toute intervention militaire en Égypte, et cette question devra être examinée le jour où la nécessité d'une intervention serait démontrée. »

Le 9 février 1882, la loi d'organisation de la Chambre était promulguée. Elle modifiait profondément le régime financier de l'Égypte. Une commission composée d'autant de délégués qu'il y avait de ministres examinait et votait le budget intérieur. La Chambre prononçait en cas de désaccord.

Le ministère égyptien tint aussitôt à bien établir la situation. Dans une note qu'il adressait aux contrôleurs généraux, Mustapha Fehmi déclarait : « Aux termes de la loi de liquidation le budget des dépenses du gouvernement égyptien est divisé en deux parties expressément distinctes : la première contenant les crédits nécessaires au service de la dette publique, la seconde embrassant toutes les sommes inscrites pour faire face aux dépenses administratives. *Le règlement orga-*

nique de la Chambre des délégués soustrait d'une façon absolue au vote de la Chambre tous les crédits nécessaires au service de la dette publique. » Il en concluait que les dispositions du nouveau règlement ne portaient pas atteinte aux conventions internationales en vigueur.

Cela était vrai à la lettre, mais on ne pouvait s'empêcher de reconnaître que les garanties des créanciers se trouvaient diminuées par les risques d'une mauvaise politique financière si l'on portait atteinte au droit des contrôleurs généraux.

Ceux-ci s'empressèrent de protester en s'appuyant, ainsi que l'avait voulu Gambetta, non pas sur la loi de liquidation, mais sur le décret constitutif du contrôle. Ils firent donc remarquer au ministre que leurs attributions n'étaient pas restreintes à la surveillance des administrations dont le produit était affecté au service de la dette. « Le décret du 15 novembre 1879, dirent-ils, étend au contraire à tous les services publics l'action du contrôle et, nous attribuant séance au Conseil des ministres, nous donne par cela même le droit d'émettre notre opinion sur toutes les questions d'administration intérieure qui touchent aux intérêts financiers du pays. »

Le président du Conseil égyptien le constata volontiers et présenta cette constatation comme une preuve du désir qu'il avait d'entretenir de bonnes relations avec les contrôleurs généraux. Il n'en demeurait pas moins vrai que, l'autorité financière des ministres étant affaiblie, la situation était plus difficile pour les puissances occidentales. Aussi M. de Freycinet écrivait-il, le 11 février 1882, à M. Sienkenwicz : « Tenez-vous dans une réserve officielle mais bienveillante à l'égard du nouveau gouvernement. Expliquez que nous n'entendons point entraver le développement des institutions intérieures de l'Égypte pourvu que nos intérêts ne soient pas lésés. » D'autre part, il ne voulait pas laisser complètement s'annihiler l'influence française et il conseillait, en terminant, à notre consul général d'encourager, *à titre privé et officieux*, les efforts faits de bonne foi pour respecter les engagements internationaux.

II.

C'est désormais sur le terrain d'une entente européenne que se placera M. de Freycinet. La situation privilégiée de la France et de l'Angleterre en Égypte avait inspiré à ses prédécesseurs la conviction que l'on devait, tout en respectant les intérêts des autres pays, maintenir pour les deux gouvernements le droit d'agir avec une pleine indépendance quand surgissaient des difficultés. Une telle ligne de conduite exigeait, en dehors de l'habileté diplomatique, une prudente énergie et surtout le courage d'être parfois seul de son avis. On ne pouvait demander pareil sacrifice au ministre qui a toujours poussé si loin le culte de la majorité. Le 12 février 1882, il adressait à nos ambassadeurs et chargés d'affaires des instructions qui semblaient un appel au concert des puissances.

L'Europe répondit avec empressement aux avances qu'on lui faisait. Dès le 14 février,

M. de Courcel annonçait que l'Allemagne acceptait de prendre part « à la délibération commune à laquelle la conviaient les deux puissances occidentales ». Le comte Kalnocky constatait « avec un plaisir marqué » que la France et l'Angleterre, après avoir paru vouloir agir isolément, se montraient disposées à rentrer sur le terrain de l'accord européen. En Italie, on témoignait aussi du désir de s'entendre avec la France « comme avec les autres gouvernements », pour préserver l'Égypte de l'anarchie et du désordre. Enfin, notre chargé d'affaires en Russie écrivait le 15 février : « M. de Giers soumettra le texte à l'empereur. Il m'a laissé entendre, dès à présent, que le point de vue auquel se plaçaient la France et l'Angleterre lui paraissait conforme à la manière de voir de Sa Majesté. »

La communication du 12 février avait donc un succès éclatant. Ce n'est pas une raison pour nous en féliciter puisqu'elle devait peser sur notre conduite et nous gêner pour une action individuelle que l'Europe eût acceptée comme elle s'inclina devant l'intervention anglaise. Le prince de Bismarck fit la bonne âme et feignit d'éprouver un grand soulagement d'esprit. Son appréhension avait été vive, dit-il à M. de Courcel, quand il avait vu la France et l'Angleterre prendre, par la note du 7 janvier, l'initiative d'une démarche qui pouvait les engager dans une entreprise en Égypte. Il était personnellement convaincu qu'une action commencée dans ces conditions amènerait des froissements entre les deux puissances et qu'un conflit ou même la menace d'un conflit entre la France et l'Angleterre provoquerait une perturbation désastreuse dans le monde entier. Il termina cet entretien en disant qu' « à son avis, le moyen le plus simple de triompher des difficultés égyptiennes serait de confier à la Turquie le soin de les apaiser ».

C'était un premier son de cloche peu agréable à une oreille française. M. de Freycinet s'empressa de faire déclarer qu'il ne s'agissait pas, dans son esprit, d'une conférence, mais de pourparlers dans chaque capitale. Il fallait, avant tout, ne pas laisser croire à une abdication complète de la France devant le concert européen.

Cette pensée fut celle de l'habile diplomate qui nous représentait à Berlin et, le 1ᵉʳ mars 1882, M. de Courcel écrivait à M. de Freycinet : « J'ai dit au sous-secrétaire d'État que, d'après mon impression personnelle, l'intention de Votre Excellence, en m'envoyant ses instructions du 12 février, avait été surtout de prévenir les malentendus que risquait de faire naître le groupement séparé des quatre puissances en face de la France et de l'Angleterre dans les affaires d'Égypte, et que les deux cabinets de Paris et de Londres avaient attaché du prix à constater l'accord unanime des gouvernements sur la base du maintien des arrangements existants. »

Aux yeux de notre ambassadeur (et il avait pleinement raison de faire ces réserves) l'objet principal de notre démarche se trouvait atteint puisqu'on avait pu établir l'entente sur les bases proposées par nous. Il ne restait donc plus aux puissances qu'à garder une attitude expectante en face des événements. Elles auraient seulement à échanger leurs vues lorsqu'il serait nécessaire « par voie de conversation confiante et sans apprêt pour ne pas s'exposer à donner aux fauteurs de troubles en Égypte plus d'importance qu'ils n'en méritent et à grossir les complications au lieu de les aplanir ».

La manière de voir de M. de Courcel rencontra l'adhésion du sous-secrétaire d'État allemand. Il reconnut que la France et l'Angleterre avaient en Égypte des intérêts majeurs qui leur donnaient droit à une position privilégiée. C'était ce qu'il importait de bien maintenir, et notre ambassadeur avait su le faire constater avec d'autant plus d'à-propos qu'à cette heure même la situation s'aggravait au Caire.

Le président du Conseil et Arabi Pacha portaient tous leurs soins à l'organisation de l'armée. « Si je devais en croire certaines informations, écrivait le 5 mars 1882 notre consul général, on ne reculerait pas devant les moyens extrêmes pour assurer la défense du pays. » Le parti militaire avait su profiter de la faiblesse de ses adversaires pour établir son autorité. Chose plus grave encore il faisait maintenant partager ses vues à la population qui se montrait en général hostile à une intervention étrangère. Elle était même si exaltée que M. Sienkenwicz craignait pour la sécurité des européens si les puissances occidentales faisaient débarquer des troupes. D'ailleurs, à ses yeux, il ne suffisait plus, pour ramener le calme dans les esprits, de licencier l'armée égyptienne. « Il faudrait, si l'on se décidait à agir, occuper le pays pendant un laps de temps qu'il serait impossible de déterminer à l'avance, ce qui entraînerait le déplacement d'environ quarante mille hommes [1]. »

Les prétentions du parti militaire augmentaient de jour en jour. Arabi Pacha, qui avait déjà le pouvoir effectif, songeait à prendre la présidence du Conseil. Les autres ministres seraient choisis parmi les fonctionnaires civils ou les délégués. En même temps, par manière de concession aux puissances, on créerait un Conseil d'État où l'élément européen serait largement représenté.

Telle est la combinaison que l'on communiqua le 10 mars 1882 à M. Sienkenwicz qui,

1. Sienkenwicz à M. de Freycinet, 6 mars 1882.

en la transmettant à M. de Freycinet, lui demandait « de lui faire connaître son opinion le plus tôt possible ». Le lendemain il lui annonçait « qu'un grand nombre de promotions de nature à sa.isfaire les colonels et les autres officiers allait avoir lieu dans l'armée ». Le quai d'Orsay répondit en engageant notre consul général à « s'abstenir soigneusement de toute incitation tendant à favoriser ou à empêcher les évolutions qui peuvent se produire dans l'intérieur du mécanisme gouvernemental ». Mais ces instructions purement négatives ne pouvaient pas suffire et le ministre les complétait en disant : « *Bornez-vous à protester hautement que tout cabinet qui aura pour principe le maintien de l'ordre matériel et le respect des engagements internationaux, notamment du contrôle anglo-français, est sûr de trouver auprès de vous une neutralité bienveillante et, au besoin, des indications purement officieuses pouvant faciliter tel ou tel détail de sa marche.* »

Ce procédé qui consiste à parler sans agir est excellent lorsque derrière les paroles on aperçoit un homme décidé à leur donner, en cas de besoin, une sanction par la force. Il ne pèse que d'un poids bien médiocre sur la conduite des affaires si l'on devine que les discours sont destinés à gagner du temps et à masquer seulement l'absence d'une idée nette servie par une ferme volonté.

III.

Dans la même journée où il recommandait à son agent l'abstention « officielle », M. de Freycinet le chargeait d'avertir M. de Blignères qu'il acceptait sa démission de contrôleur général. Il le faisait prier de rentrer en France le plus promptement possible « parce qu'il avait un urgent besoin de s'entretenir avec lui de la situation. » Afin de corriger l'effet que pouvait produire le départ de M. de Blignères, le président du Conseil ajoutait : « Cette mesure n'implique aucune pensée de modification dans l'institution même du contrôle qui demeure réglée dans notre pensée exactement d'après les décrets antérieurs du khédive. »

Pour corroborer cette assertion, il faisait, dès le surlendemain, demander à Tewfik Pacha de vouloir bien nommer M. Brédif contrôleur général par intérim. Cette nomination avait lieu le même jour. Toutefois, en contresignant le décret du khédive le ministre des affaires étrangères égyptien réserva pour l'avenir « non seulement la nomination mais le choix des contrôleurs généraux ».

Certains hommes commençaient aussi à les attaquer à Londres. Le 13 mars, en effet, un membre de la Chambre des communes, sir Campbell, blâmait le contrôle anglo-français en faisant observer que « les peuples préfèrent en général le mauvais gouvernement qu'ils peuvent se donner au bon gouvernement qui leur est imposé par les étrangers ». Il proposait en même temps une résolution contre le renouvellement des tribunaux internationaux en Égypte. Ces derniers furent énergiquement défendus, au nom du gouvernement, par sir Charles Dilke qui se borna au contraire, pour ce qui concernait le contrôle, à « refuser d'entamer en ce moment une discussion sur ses mérites. » C'était, à coup sûr, de la réserve diplomatique, mais on peut se demander s'il n'y avait pas dans cette nuance comme une indication de l'état d'esprit du cabinet qui devait présider à la ruine du contrôle.

Le ministère égyptien cherchait alors à donner à l'Europe des garanties de bon ordre et de stabilité en organisant un Conseil supérieur d'administration et de législation. Mahmoud Pacha pensait, en outre, disait-on, doter l'Égypte d'une constitution qui fixerait les attributions respectives du khédive, du gouvernement et de la Chambre. Il s'efforçait de contrebalancer l'influence d'Arabi. Ce dernier était surtout appuyé par la Chambre ; mais, comme l'écrivait notre consul général, après la séparation des délégués, Arabi devait se trouver privé de l'instrument indispensable d'un remaniement ministériel qui lui aurait donné plus de prépondérance.

L'Égypte demeurait donc incertaine de son avenir. Les bruits les plus contradictoires circulaient dans le pays. On s'entretenait même du retour possible d'Ismaïl Pacha mais l'agitation que l'on voulait créer en sa faveur paraissait factice à notre consul général qui continuait à demeurer dans la plus complète réserve. Il n'en remplissait pas moins avec autant d'habileté que de conscience le seul rôle qui lui fût laissé par la politique expectante de M. de Freycinet, celui d'informateur. « Les dispositions des Bédouins de l'Ouadi, écrivait-il le 3 avril 1882, sont plutôt hostiles au parti militaire. Tout dernièrement plusieurs de leurs cheiks sont venus protester auprès du khédive contre les mesures administratives auxquelles on voudrait les soumettre. » Il ajoutait à vrai dire : « Ces Bédouins ont besoin d'être surveillés de très près. Je crains en effet qu'à un moment donné on ne cherche à en faire un instrument contre le gouvernement actuel. »

Au début de ce même mois d'avril, le cabinet de Saint-James venait d'avoir une idée assez étrange. Lord Granville se demanda « s'il ne conviendrait pas d'envoyer en Égypte deux inspecteurs qui seraient de simples experts financiers chargés de seconder nos contrôleurs ». M. de Freycinet fit observer justement à lord Lyons que la situation de l'Égypte nous était suffisamment connue et que le moment était arrivé non de recueillir des informations nouvelles mais bien de s'arrêter à un parti. Nos contrôleurs, ajouta-t-il, accueilleraient avec peu de satisfaction un secours officieux qu'ils n'avaient pas réclamé et qui paraîtrait leur constituer un brevet d'incapacité. Une dernière objection se présenta d'ailleurs bien vite à son esprit et c'était la plus sérieuse puisqu'il voulait avant tout ne pas se compromettre vis-à-vis des puissances. L'Europe aurait peine à voir dans ces agents spéciaux autre chose que des « commissaires extraordinaires déguisés », et les deux gouvernements de Paris et de Londres devaient, d'après le ministre français, éviter jusqu'à l'apparence de mesures isolées.

IV.

Une affaire se produisit alors en Égypte qui indiquait bien l'état de trouble des esprits. Dans une réunion d'officiers circassiens mécontents, des menaces furent proférées, le 11 avril 1882, contre le ministre de la guerre. L'un d'entre eux sortit son revolver de la poche et s'écria : « C'est ainsi qu'il faut parler à Arabi Pacha. » Ces paroles furent dénoncées ; il y eut quelques arrestations et le khédive prescrivit une enquête.

Bien qu'il eût déclaré au vice-roi qu'il ne craignait point pour sa vie, « car ses destinées étaient entre les mains de Dieu », Arabi Pacha n'en crut pas moins devoir, par prudence peut-être mais plus encore par un désir d'ostentation assez fréquent chez ses pareils, se retirer la nuit dans la caserne d'Abdine qui était gardée comme une forteresse en temps de guerre.

Les ennemis du ministre répandaient le bruit que ce semblant de complot avait été imaginé et grossi à plaisir pour justifier l'élimination complète des circassiens considérés comme turcs dans l'armée alors qu'Arabi représentait l'élément indigène. Des jalousies commençaient à se manifester et dans le pays on en venait à se demander ce que le régime inauguré par le parti militaire avait produit d'avantageux. Aussi, M. Sienken-wicz écrivait-il le 15 avril 1882 : « Arabi devra se relever par quelque nouveau coup d'audace ou se résigner à perdre peu à peu la situation extraordinaire que les cir-constances, bien plus que sa valeur per-sonnelle, lui ont faite. »

La Porte qui ne laisse jamais échapper une occasion de rappeler sa suzeraineté re-commanda au khédive de terminer au plus tôt cette affaire de complot. Mais l'agitation des esprits que l'enquête prolongeait con-venait trop à certains personnages pour qu'on ne la fît pas durer. Le pays était de plus en plus troublé. Divers actes de bru-talité furent commis par les agents de la police et les soldats au Caire et dans les pro-vinces. Un premier avertissement parut op-portun à notre consul général qui se décida, le 16 avril, à déclarer au président du Conseil égyptien « que la sécurité publique, dont le cabinet du 2 février s'était porté garant, lui semblait un peu compromise. »

Au sujet de l'incident des Circassiens, M. Malet envoya au Foreign Office un télégramme très alarmant et dont les appréciations semblaient exagérées à M. Sienkenwicz mais celui-ci n'en voyait pas moins deux dangers dans la situation. Le gouvernement risquait fort d'être bientôt débordé. D'autre part les chefs du parti au pouvoir ne croyaient plus, du moment où la note du 7 janvier n'avait pas eu de suite, à l'action des deux puissances occidentales. Les télégrammes Reuter affirmaient très souvent qu'il n'y aurait pas d'intervention et sous ce rapport ils avaient la plus fâcheuse influence.

Le Sultan revint à la charge et, sur son injonction, il fut décidé que l'affaire des Circassiens serait jugée le 18 avril. Les prévenus étaient au nombre de treize, mais tous n'étaient pas Circassiens. Le même jour, le consul général de France renouvela dans un entretien avec le ministre des affaires étrangères les remontrances qu'il avait adressées au président du Conseil. « La situation devenait mauvaise, dit-il, et il ne tolérerait pas que l'on molestât ses administrés ». En présence de ces informations, des mesures de prudence étaient indiquées et, le 24 avril, l'amiral Jauréguiberry avertissait M. de Freycinet que les dispositions convenables étaient prises pour envoyer au premier signal trois navires de guerre dans les eaux égyptiennes. La mesure se justifiait d'autant mieux que les tribus bédouines étaient mécontentes et surexcitées. Leur hostilité contre le ministère du 2 février se manifestait par des incidents locaux qui, malgré leur peu d'importance, n'en présentaient pas moins un sujet d'inquiétudes.

Le 1ᵉʳ mai 1882, une quarantaine d'officiers, parmi lesquels un ancien ministre de la guerre, Osman Pacha, étaient punis de la dégradation ; ils seraient en outre envoyés au Soudan. Mais le Conseil de guerre ne s'était pas borné à examiner cette question. « Il s'en rapportait à la sagesse du khédive et de ses ministres pour aviser s'il y avait lieu de continuer à fournir à Ismaïl Pacha une pension dont il s'était servi jusqu'à présent pour semer le désordre et le trouble en Égypte. » M. Malet eut alors l'idée, qu'approuva le cabinet anglais, d'engager le khédive à ne pas sanctionner la sentence prononcée contre les Circassiens et à réclamer l'appui des consuls généraux. Une réunion de ces agents eut lieu au palais de Tewfik Pacha, mais, par une inconvenance dont la seule explication peut être dans l'abstention que lui avait jusqu'alors imposée son ministre, M. Sienkenwicz ne fut pas convoqué.

M. de Freycinet lui donna comme instructions de ne plus paraître chez le vice-roi à moins d'y être mandé. « Conservez l'attitude, lui dit-il, à laquelle vous donne droit le procédé dont on a usé envers vous. » Étrange façon de défendre nos intérêts au moment où les manœuvres du consul anglais commençaient à lui donner plus d'influence à la cour et auprès du gouvernement égyptien. Heureusement M. Sienkenwicz fut bientôt consulté. Il distingua dans le jugement deux parties : l'une purement judiciaire et l'autre qui touchait à l'allocation d'Ismaïl Pacha. Se déclarant incompétent pour la première il conseilla au khédive de ne pas accepter le jugement tant qu'on n'en aurait pas retranché les considérations politiques. Les consuls généraux d'Allemagne, d'Autriche-Hongrie et de Russie partageaient sa manière de voir. Ils ne voulaient, pas plus que notre agent, envenimer la situation. Aurait-on pu en dire autant de M. Malet ?

Quelle que fut l'attitude de ce dernier, M. de Freycinet désirait pourtant et à juste raison que M. Sienkenwicz fît son possible pour ne pas rompre le concert. « Toutes les fois que vous serez provoqué par le khédive, écrivait-il le 6 mai 1882, ou par le gouvernement égyptien à donner votre avis, si vous n'êtes pas déjà d'accord avec M. Malet demandez à réfléchir avant de répondre ce qui vous permettra de vous entendre avec votre collègue. » Il importait, en effet, par-dessus tout que la divergence entre les représentants des deux cabinets ne se traduisît pas au dehors.

Cette nécessité se faisait d'autant plus sentir que la Turquie ne perdait pas de vue ses projets et continuait à agir auprès du vice-roi. Le grand vizir ayant protesté contre la dégradation infligée à des officiers supérieurs qui tenaient leur grade de la Porte, le khédive lui répondit « qu'il avait un profond respect pour les privilèges du sultan ». Cette disposition d'esprit pouvait présenter quelques dangers : elle se traduisit par une démarche plus grave encore de Tewfik Pacha qui, sans consulter ses ministres, envoya un télégramme par lequel « *il se soumettait aux ordres d'Abdul-Hamid en ce qui concernait l'affaire des officiers comme en toute autre affaire* ».

M. de Freycinet avait bien recommandé en cas de conflit entre Tewfik et ses ministres d'appuyer le vice-roi, qui était la seule autorité légale, de façon à prolonger son pouvoir le plus possible. Mais ce soutien qu'on lui accordait devait avoir cependant certaines limites. On ne pouvait aller jusqu'à favoriser l'ingérence de la Porte dans le gouvernement intérieur de l'Égypte. Aussi le quai d'Orsay averti par notre agent lui répondit-il : « Si vous êtes d'accord avec M. Malet, engagez le khédive à user de ses prérogatives et à faire les commutations opportunes de peines sans attendre la réponse de la Porte. Il convient

que la décision du khédive soit promptement
prise et exécutée. »

Il est bien rare, quand on parle avec fermeté, de ne pas voir suivre le conseil que l'on
donne. Tewfik Pacha aurait eu d'ailleurs
une fâcheuse inspiration en résistant à cet
avis prudent. Le lendemain, en présence des
consuls généraux de France et d'Angleterre,
il signait un décret qui commuait en bannissement les peines prononcées contre les
officiers. Il annulait toutes les autres dispositions du jugement. Cette mesure arrivait à
son heure ; la Porte avait ordonné l'envoi à
Constantinople du dossier de l'affaire. Les
agents des quatre puissances s'étaient abstenus
de donner un avis, mais l'émotion était considérable et des malheurs semblaient à craindre.
Si le khédive eût obéi aux injonctions
d'Abdul-Hamid, la personne même de Tewfik
Pacha n'aurait peut-être plus été en sûreté.

Le malheureux vice-roi n'en avait pourtant pas fini avec cette affaire. Peu d'heures
après la signature du décret, le président du
Conseil s'était rendu auprès de lui et, dans
des termes très vifs, lui avait reproché de

subir l'influence exclusive des agents étrangers et de négliger son ministère. Alors que l'Angleterre aurait voulu la grâce plénière des condamnés, le cabinet égyptien demandait au contraire que la peine de la radiation de l'armée fût ajoutée à celle du bannissement. A la suite de cet incident une nouvelle réunion des consuls généraux eut lieu au palais et le maintien des termes du décret y fut décidé.

V.

La situation devenait grave. Le 10 mai 1882, le Conseil des ministres décida qu'il convoquerait à bref délai, sans le concours du khédive, la Chambre des notables. Elle serait saisie de tous les griefs que l'on articulait contre Towfik Pacha et notamment du fait que, sans consulter ses ministres, il avait fait acte de pleine et entière soumission envers la Porte. Le président du Conseil ne put fournir aux consuls généraux aucune raison sérieuse de cette convocation. Il se borna à garantir de la façon la plus absolue, même en cas d'intervention turque, la sécurité des Européens. Il déclara qu'aucun danger ne menaçait la personne du vice-roi. Seulement il ne se présenterait plus chez lui parce que Tewfik Pacha l'avait indignement calomnié en l'accusant d'avoir proféré des menaces contre les Européens. Il affirma solennellement n'avoir jamais eu pareille pensée.

Toutes ces protestations n'en mettaient pas moins le cabinet égyptien dans une situation révolutionnaire et M. Sienkenwicz demanda des instructions. Elles étaient d'autant plus urgentes qu'Arabi Pacha ne se gênait pas pour exprimer tout haut l'opinion qu' « il fallait en finir avec la famille de Méhémet Ali ». M. de Freycinet donna l'ordre à notre consul général, si un gouvernement nouveau s'installait au Caire, d'avoir avec lui les relations que commandait la sécurité des Français établis en Égypte, mais en évitant ce qui, « de près ou de loin, » pouvait être interprété comme une reconnaissance. « *Si quelque attentat se produisait contre nos ma-*

lionaux, disait-il dans sa dépêche du 11 mai, *nous en rendrions responsables ceux qui l'auraient laissé commettre et nous agirions en conséquence.* » Il terminait en espérant que le ministère et la Chambre comprendraient combien il serait maladroit de faire tomber le khédive au moment où il venait de faire acte d'indépendance vis-à-vis de la Porte, rehaussant par cela même le prestige national.

Les ministres se montraient peu sensibles à cette considération. L'idée qui semblait prévaloir chez eux était la suppression du khédivat. La Chambre aurait élu un gouverneur et son choix paraissait devoir se porter sur Mahmoud ou sur Arabi Pacha. Le 11 mai, M. Sienkenwicz croyait très sérieusement à cette solution puisqu'il écrivait à M. de Freycinet : « La déposition de Tewfik Pacha sera sans doute votée samedi. »

Il aurait fallu que la France et l'Angleterre fussent pleinement d'accord sur la conduite à tenir en ces circonstances. Malheureusement les résolutions des deux pays n'étaient pas prises par suite des divergences de vues entre le quai d'Orsay et le Foreign Office. Lord Granville n'abandonnait pas l'idée de ses commissaires. Il désirait « inviter la Porte à envoyer en Égypte un officier général qui, de concert avec deux officiers français et anglais de même grade, aurait pour mission de mettre fin à l'anarchie militaire et de consolider l'état de choses actuel ». Ce plan souriait peu au ministre français qui se défiait de l'ingérence turque et n'en présageait rien de bon, même avec l'engagement formel qu'on aurait demandé au sultan de ne rien faire que d'accord avec nous.

Lord Granville répondait aux objections de la France que lui non plus ne souhaitait pas l'intervention ottomane. Seulement il ne voulait pas se lier les mains et, tout en la reconnaissant comme mauvaise, il pensait qu'elle serait « moins mauvaise qu'une autre ». Dès lors il lui semblait qu'on ne devait pas se l'interdire.

Pendant que ces négociations se poursuivaient, les événements marchaient assez vite pour que, le 12 mai 1882, M. de Freycinet fit proposer au cabinet anglais l'envoi par la France et l'Angleterre de six bâtiments de chaque pays. On les choisirait assez légers pour pouvoir pénétrer dans le port d'Alexandrie. Un septième navire serait dirigé vers Suez. « Nous croyons très désirable, ajoutait-il avec raison, que les trois premiers navires tout au moins arrivent conjointement avec les trois navires anglais afin que l'accord complet des deux pays éclate à tous les yeux. » Une concession était faite au Foreign Office pour arriver à la réalisation du concert si désiré avec l'Angleterre. Dans le cas où, après l'arrivée des escadres à Alexandrie, un débarquement serait jugé nécessaire, on ne ferait appel ni aux troupes françaises ni aux troupes anglaises, mais on emploierait des forces ottomanes qui opéreraient en Égypte sous le contrôle anglo-français, Il demeurait bien entendu que le seul objet poursuivi était le maintien de l'autorité du khédive et de ses droits.

Lord Granville accepta les propositions du quai d'Orsay. Il fit seulement demander, le 13 mai, si M. de Freycinet ne jugeait pas utile que les autres puissances, y compris la Turquie, fussent représentées devant Alexandrie. A quoi le ministre français eut le bon sens de répondre : « Je ne crois pas nécessaire de les convier, dès à présent, à envoyer des navires à côté des nôtres. Il me semble qu'*il n'y a pas lieu de prendre une initiative qui tendrait à enlever à l'action anglo-française le caractère dirigeant que l'Europe lui reconnaît et paraît désireuse de lui laisser en Égypte.* » Pourquoi le président du Conseil n'a-t-il pas toujours, comme en cette occasion, nettement affirmé les droits des deux pays ? Il est vrai qu'il était assuré ce jour-là de l'assentiment de Berlin et de Vienne à condition qu'il ne fût pas porté atteinte aux intérêts des autres puissances.

Ce qui importait avant tout c'était de bien montrer à l'Égypte qu'on ne se désintéressait pas de la question comme elle paraissait le croire. Une grande irrésolution régnait parmi les chefs du mouvement. Aussi, M. de Freycinet pensait-il justement que « l'arrivée de navires anglo-français en un pareil moment pouvait produire une sorte de désorganisation du parti révolutionnaire et rendre le khédive maître de la situation ». C'est la même préoccupation qui lui faisait télégraphier à M. Sienkenwicz : « Si vous êtes d'avis que ce serait chose utile : entendez-vous avec M. Malet pour dire à Arabi Pacha que, si l'ordre était troublé, la France, l'Angleterre et toute l'Europe le rendraient personnellement responsable ; que si, au contraire, il reste soumis à Tewfik Pacha et fidèle à ses devoirs, il peut compter sur notre bienveillance. »

Le 15 mai, M. de Freycinet avertissait notre consul général qu'une escadre anglo-française se réunissait à la Sude pour entrer bientôt à Alexandrie. « Nous nous réservons, disait-il, d'employer tels autres moyens que nous jugerons nécessaires pour faire respecter l'ordre et maintenir l'autorité du khédive. » Il l'autorisait en terminant à faire de ce télégramme, après s'être concerté avec M. Malet, « l'usage que les circonstances paraîtraient demander ».

Ce n'était pas tout que de songer à l'Égypte. Il fallait ne pas perdre de vue la Porte qui ne s'oubliait pas. Aussi la France et l'Angleterre invitèrent-elles leurs ambassadeurs en Turquie à recommander au gouvernement ottoman de s'abstenir de toute intervention et de toute ingérence au Caire. Elles se réservaient d'ailleurs de lui faire plus tard d'autres propositions s'il y avait lieu. Afin de donner plus de poids à cet avis, le quai d'Orsay demanda aux grandes puissances d'envoyer des instructions dans le même sens à leurs représentants auprès du sultan.

VI.

Le 15 mai 1882, un télégramme de l'agence Havas annonçait l'arrivée des escadres française et anglaise. L'émotion fut grande parmi les officiers à qui la nouvelle causa une vive excitation. Pourtant Arabi Pacha déclara à M. Monge que les Européens n'avaient rien à craindre et seraient respectés. A cette heure même Tewfik Pacha avait reçu un télégramme du grand vizir, disant que « la Porte, occupée des réformes à introduire en Anatolie, ne pouvait, en ce moment s'occuper des difficultés égyptiennes ». Cette double impression devait faciliter un rapprochement. Dans l'impossibilité où le vice-roi se trouvait de constituer un nouveau ministère, les consuls généraux l'avaient engagé à convoquer le cabinet au pouvoir et à écarter le différend qui existait entre lui et le président du Conseil en invoquant la gravité des circonstances. Le programme tracé fut suivi de point en point. Mahmoud Pacha se rendit le 16 mai chez le khédive avec tous les ministres et protesta de son dévouement envers lui ; Arabi se déclara également fidèle serviteur de Tewfik Pacha. Le gouvernement était reconstitué, le calme se rétablit en apparence.

La réconciliation qui venait de s'opérer ne rassurait qu'à moitié M. de Freycinet. Il craignait, à bon droit, qu'elle ne produisît pas de résultat durable : « J'aurais eu plus de confiance, disait-il, dans un acte d'autorité du khédive profitant de la présence de la flotte pour congédier le ministère et reconstituer le gouvernement avec des hommes sur qui il puisse compter, par exemple avec Chérif Pacha. » M. Sienkenwicz lui répondit qu'évidemment le ministère n'était ni stable ni définitif, mais, ajoutait-il, « un ministère était nécessaire pour assurer la sécurité du khédive compromise par la nouvelle de l'arrivée des escadres et le seul possible était celui qui existait de fait. » C'est le consul général d'Angleterre qui avait fait la proposition de le rappeler et le nôtre l'avait appuyé en voyant que Tewfik Pacha se résignait à cette mesure.

Le vice-roi se sentait si peu sûr de la situation qu'il songeait à quitter le Caire pour Alexandrie. Notre agent faisait tous ses efforts pour le retenir, lui montrant que ce départ ressemblerait à une fuite, et cherchant à le persuader que « laisser la capitale dans un pareil moment, ce serait renoncer à y entrer » . Il avait d'autant plus de peine à le convaincre que le sultan conservait sur lui une influence très réelle et que le gouvernement turc se plaignait de la conduite des deux puissances occidentales en protestant contre l'envoi de vaisseaux anglais et français.

M. de Freycinet chargea notre ambassadeur à Constantinople de rassurer la Porte. « Nous agissons seuls actuellement, disait-il avec beaucoup de justesse et de précision, parce que nos seuls intérêts, les intérêts des Européens, sont en cause; les intérêts des musulmans et les droits du sultan n'ont pas été menacés par le désordre. On ne s'expliquerait donc pas qu'il vînt les protéger. » A côté de ces déclarations relatives au présent et destinées à calmer des inquiétudes promptes à naître, le quai d'Orsay ne craignait pas de joindre une sorte d'engagement pour l'avenir. « Si la question s'élargissait par suite des événements et dépassait les proportions d'une protection de nationaux ou d'une sauvegarde de nos intérêts spéciaux, la coopération du Sultan, d'après M. de Freycinet, se trouverait nécessairement amenée. » Les instructions données par le ministre de la marine au commandant de l'escadre confirmaient les intentions conciliantes du gouvernement français. Nos marins devaient, en effet, s'abstenir de tout acte matériel de guerre, à moins d'être attaqués ou d'avoir à protéger la sécurité des Européens.

En présence des précautions prises par la France et l'Angleterre, le parti militaire ne savait trop quelle résolution adopter. Comme le constatait M. Sienkenwicz, ses chefs s'observaient mutuellement et tous étaient surveillés par les officiers. Les menaces de punitions très sévères que l'on répandait à dessein et les excitations qui venaient en grande partie de la Porte demeuraient les principaux obstacles à un arrangement.

Les dispositions de l'Europe pouvaient aussi préoccuper jusqu'à un certain point les deux puissances occidentales. Sans doute le gouvernement allemand déclarait bien à notre ambassadeur qu'il demeurait fidèle au point de vue général adopté avec nous dans la question égyptienne. Mais il ne croyait pas pouvoir appuyer officiellement à Constantinople la demande faite au sultan de s'abstenir en Égypte « à cause de la divergence de sentiments qui se manifestait à cet égard chez d'autres gouvernements dont l'Allemagne désirait ne pas se séparer ». Le sous-secrétaire d'État, M. Busch, ajouta, pour renseigner M. de Courcel qui s'enquérait de leur attitude, « qu'à Pétersbourg et aussi à Vienne on avait éprouvé de la susceptibilité de voir les puissances occidentales procéder à une démonstration navale au moment même où elles en donnaient avis aux autres cabinets au lieu de se concerter préalablement avec eux. »

La Turquie avait-elle eu vent de ces dispositions lorsque son ambassadeur à Berlin était venu revendiquer auprès du cabinet allemand le droit exclusif pour le sultan de rétablir, s'il y avait lieu, l'ordre troublé en Égypte? En tout cas, Sadullah Bey avait prié l'Allemagne d'user de son influence pour déterminer la France et l'Angleterre à contremander l'envoi de leurs navires. Le chancelier, désireux de ne pas mettre son doigt entre l'arbre et l'écorce, fit décliner cette proposition. Il tenait à renvoyer les parties dos à dos.

Le gouvernement de la Porte ne se tint pas pour battu et adressa au khédive un télégramme destiné à atténuer l'impression que pourrait lui causer l'escadre anglo-française. « L'envoi des navires à Alexandrie, disait-il avec plus d'ingéniosité que de vraisemblance, n'est qu'une simple excursion pareille à celles qui ont lieu chaque année. Aussi leur arrivée ne nous inquiète pas, vu que dans peu de jours ils partiront. » Non content d'accommoder ainsi la vérité, le sultan, toujours en éveil quand il s'agit de son prestige, déclarait que « pour le cas où les deux puissances auraient des propositions à faire elles devaient s'adresser directement à la Porte ».

Comme notre consul général demandait au khédive ce qu'il pensait de cette communication, Tewfik Pacha évita de répondre. Cette sagesse orientale ne suffit pas à M. Sienkenwicz qui lui conseilla tout au moins de considérer « comme nulle et non avenue » la seconde partie du message d'Abdul Hamid. C'était là de la bonne politique; malheureusement toutes les précautions prises par notre agent ne pouvaient contrebalancer l'influence de la Porte qui était considérable au Caire. Ce qu'il y avait de plus fâcheux, c'est que chaque parti, pour donner du poids à ses résolutions, s'abritait derrière l'autorité du sultan.

Cette situation incertaine et qui s'aggravait constamment ne pouvait pas durer toujours. M. de Freycinet crut trouver une solution dans des mesures énergiques et, le 23 mai 1882, il autorisa notre consul général à faire « tout ce qu'il jugeait nécessaire pour obtenir sans retard : 1° *l'éloignement temporaire d'Arabi Pacha et des autres personnages dont il jugerait utile l'éloignement ; 2° la nomination de Chérif Pacha comme président du Conseil* ». Le ministre lui permit, en outre, de ne pas en référer au quai d'Orsay pour ses démarches, à la condition d'être d'accord avec le consul d'Angleterre. Le même jour, afin d'effacer les froissements qui avaient pu se produire, M. de Freycinet faisait adresser aux quatre cours, par l'intermédiaire de nos ambassadeurs, une explication de la conduite anglo-française. « Les événements qui ont motivé l'envoi de nos escadres ont été si brusques, le danger qui semblait menacer nos nationaux si pressant que le temps nous a matériellement manqué pour nous concerter au préalable avec les autres gouvernements. » Il tenait à leur faire savoir que *« nous étions allés au Caire non pour faire prévaloir une politique exclusive et égoïste, mais pour sauvegarder, sans distinction de nationalités, les intérêts des diverses puissances engagées dans ce pays ainsi que pour maintenir l'autorité du khédive telle qu'elle avait été établie par les firmans reconnus par l'Europe »*. Enfin, le ministre français déclarait que si, contrairement à notre attente, une solution pacifique ne pouvait pas être obtenue nous communiquerions aux divers cabinets et à la Turquie, avant de les appliquer, les mesures qui sembleraient les meilleures à la France et à l'Angleterre. Cette promesse paraissait, à vrai dire, difficile à tenir. Les événements marchaient assez vite pour qu'il ne fût pas aisé de prendre à sept une résolution qui devait, la plupart du temps, être rapide pour avoir de la valeur. La note du 23 mai n'en fut pas moins accueillie avec la plus vive satisfaction.

Pendant quelques instants, Arabi avait

semblé disposé à s'effacer un peu. Mais, après s'être concerté avec ses collègues, il venait de déclarer « qu'il lui était impossible de quitter l'Égypte ». Le président du Conseil égyptien fit savoir au président de la Chambre que si les escadres se retiraient les chefs de l'armée consentiraient à se rendre dans l'intérieur de l'Égypte. Une chose grave et qui pouvait, à juste titre, préoccuper M. Sienkenwicz était le rapprochement survenu entre Arabi d'une part, et les délégués et les ulémas de l'autre. La conséquence en était une active reprise des travaux de défense, ces fameux travaux qui devaient occasionner la catastrophe. Aux yeux de notre consul général il fallait attribuer ce revirement à l'action de la Porte dont les intrigues se retrouvaient un peu partout.

VII.

La conduite de l'Angleterre pouvait les favoriser. Brusquement en effet, le 24 mai 1882, lord Granville adressait au quai d'Orsay une proposition imprévue. Il croyait bon « *que les deux gouvernements prient les autres puissances de se joindre à eux pour inviter la Porte à tenir prêtes des troupes qui se rendraient en Égypte sous des conditions strictement déterminées* ». C'était une démarche absolument contradictoire de celle qu'on avait faite quelques jours auparavant et ce changement de front devait paraître au moins bizarre.

M. de Freycinet répondit qu'une décision aussi inattendue et de nature à surprendre si complètement l'opinion publique ne pouvait être prise qu'après de mûres réflexions et avec l'assentiment du Conseil des ministres. Son état de santé, ajoutait-il, ne lui permettait pas de le convoquer pour le lendemain. Lord Granville fit dire à son tour qu'il éprouvait un véritable scrupule à insister en un pareil moment, mais que les circonstances lui paraissaient assez urgentes pour qu'il se crût obligé de demander une décision. Les raisons qu'il en donnait étaient assez curieuses. « Tout retard, affirmait-il, encouragera certainement l'opposition en

Égypte, attendu qu'on y est convaincu que ni la France ni l'Angleterre n'auront recours à la force et que la France, d'autre part, ne permettra pas l'emploi des forces turques. » C'était pour enlever cette dernière idée que sa démarche lui semblait indiquée.

En présence d'une volonté aussi tenace, M. de Freycinet ne pouvait pas s'abstenir de communiquer cette proposition au Conseil. Aussitôt remis de son indisposition, il le réunit le 27 mai. Tous les ministres furent d'avis que rien, dans les circonstances actuelles, ne justifiait un appel aux troupes turques et qu'il y avait tout intérêt à attendre la suite des événements.

Pendant que ces pourparlers se poursuivaient entre le quai d'Orsay et le Foreign Office, les consuls généraux des deux pays avaient pris au Caire une grave détermination. Le bruit s'était répandu qu'ils se proposaient de poser aux chefs du parti militaire des conditions excessivement dures. Les conséquences de cette rumeur pouvaient être dangereuses ; c'est pour les prévenir que les deux agents remirent au président du Conseil égyptien la note du 25 mai 1882. Ils demandaient :

1° L'éloignement temporaire de l'Égypte d'Arabi Pacha avec conservation de son grade et de son traitement ;

2° L'envoi dans l'intérieur de l'Égypte d'Ali Pacha Fehmi et d'Abd el al Pacha qui conserveraient également leur grade et leur traitement ;

3° La démission du ministère présidé par Mahmoud Pacha. « *Considérant*, disaient-ils, *que ces conditions peuvent prévenir les malheurs qui menacent l'Égypte, les consuls généraux* les recommandent à la plus sérieuse attention du président du Conseil et de ses collègues et, *au besoin, en exigent l'accomplissement.* » Une attitude aussi énergique rendait toute hésitation impossible. Le 26 mai les ministres adressèrent au vice-roi leur démission que les consuls généraux lui conseillèrent d'accepter immédiatement.

Tout n'en était pas fini pour cela et les termes dans lesquels Mahmoud Pacha et ses collègues s'étaient expliqués vis-à-vis du khédive montraient le fond de leur pensée.

« L'acceptation de la note des consuls généraux, affirmaient-ils, est contraire à l'avis unanime du Conseil des ministres. Les grandes puissances ont bien voulu reconnaître toujours la liberté d'action de l'Égypte chez elle. Si les gouvernements de la France et de la Grande-Bretagne trouvent que la question soulevée par la note de leurs agents diplomatiques n'intéresse pas exclusivement l'ordre intérieur mais touche à la politique générale, c'est à la puissance sous la suzeraineté de laquelle est placée l'Égypte, c'est à la Turquie qu'il conviendrait de soumettre l'affaire. »

Cet appel à l'autorité de la Porte indiquait avec clarté un état d'esprit peu favorable aux puissances occidentales. Comment M. Malet put-il choisir ce moment pour faire une démarche incontestablement agressive? Le 27 mai il déclara au khédive qu'il ne se considérait plus comme lié par les mesures d'indulgence que promettait la note du 25. Le résultat d'une pareille attitude était d'empêcher les soumissions que la clémence aurait pu provoquer. On n'eût pas agi autrement si l'on avait voulu rendre toute réconciliation impossible entre le khédive et les chefs du parti militaire. Aussi M. de Freycinet chargea-t-il notre ambassadeur à Londres de demander amicalement à lord Granville s'il avait quelques informations sur les motifs qui inspiraient la conduite de son agent au Caire et sur le but qu'il poursuivait.

Cet acte était d'autant plus maladroit (à moins qu'il eût pour objet de troubler l'eau où l'Angleterre devait pêcher) que c'était placer le khédive entre l'enclume et le marteau. La démission du ministère avait été mal accueillie par l'Égypte qui regrettait cette concession faite aux puissances occidentales. Les officiers de la garnison d'Alexandrie signifièrent au vice-roi qu'ils désiraient le maintien d'Arabi au pouvoir. Ceux du Caire firent entendre les mêmes protestations contre le départ du ministre. Ils allèrent plus loin et déclarèrent que si un personnage muni des instructions de la Porte venait au Caire, ils s'inclineraient devant l'autorité du Sultan. C'était, au fond, l'unique désir de Tewfik Pacha qui n'osait pas laisser trop franchement percer sa préférence de s'en remettre à la décision du suzerain.

Abdul Hamid ne s'entendait pas moins à déguiser sa pensée. Il faisait officiellement féliciter le khédive de la démission du ministère et il recevait admirablement notre ambassadeur à Constantinople en lui déclarant qu'il approuvait pleinement la solution de la crise. Cela n'empêchait pas nos agents de croire à un double jeu de sa part. Le 28 mai le marquis de Noailles communiquait à M. de Freycinet un télégramme qu'il avait adressé à M. Sienkenwicz pour lui dire : « J'ai été averti que l'ordre a été donné à l'amirauté de tenir un cuirassé prêt à partir immédiatement et de préparer les autres frégates. Je ne puis encore vous donner ce dernier renseignement que sous réserves. Comme vous le voyez, la situation ici est obscure et le fond des intentions sait, en tous cas, se dissimuler complètement. »

Il était bon quelle que fut sa pensée de derrière la tête de profiter des dispositions apparentes du sultan et surtout de les rendre publiques en Égypte. Comme le disait M. de

Freycinet : « Les dernières nouvelles du Caire indiquent, en effet, que le seul obstacle à l'apaisement est dans le doute qui paraît régner encore sur les véritables sentiments de S. M. Impériale. » Aussi, pour la première fois depuis longtemps, les cabinets de Paris et de Londres se trouvèrent d'accord avant de s'être concertés. « Lord Granville, écrivait notre ambassadeur le 28 mai 1882, est d'avis d'inviter le sultan à intervenir moralement : 1° en faisant savoir en Égypte qu'il approuve entièrement l'attitude du khédive ; 2° en condamnant les accusations portées par l'armée égyptienne contre le khédive ; 3° en faisant venir à Constantinople les chefs du parti militaire et peut-être l'ex-président du Conseil pour qu'ils aient à rendre compte de leur conduite. » « J'avais déjà de mon côté, répondit M. de Freycinet, expédié au marquis de Noailles et aux quatre Cours des instructions conçues dans le même sens que celles de lord Granville. »

Ces dispositions nouvelles du ministre français allaient mieux préparer notre consul général à recevoir l'aveu que le khédive lui fit ce jour là. Tewfik Pacha reconnut, en effet, avoir acquiescé au désir de la Porte en priant le sultan d'envoyer une commission turque. M. Sienkenwicz pouvait d'autant moins s'indigner que le cabinet anglais venait d'autoriser son agent, si le nôtre avait les mêmes instructions, à conseiller au vice-roi de demander le commissaire que lui offrait le gouvernement ottoman.

Tout semblait donc marcher au gré d'Abdul Hamid. La question des chefs militaires demeurait par contre un gros embarras pour le khédive. Le malheureux Tewfik Pacha retint jusqu'à minuit les deux consuls généraux pour les amener à lui proposer de rendre à Arabi le portefeuille de la guerre. Ils lui répondirent qu'il était libre d'agir comme il l'entendait, mais qu'ils ne lui donneraient jamais « un conseil qui pût porter atteinte à sa dignité ». Le vice-roi interpréta cet avis pourtant si défavorable dans un sens conforme à ses préférences et pensa qu'il était plus prudent pour sa sécurité de rappeler au pouvoir Arabi Pacha.

Tenir aussi peu de compte des indications

qu'on lui donnait avait quelque chose de singulièrement désobligeant pour les agents des deux puissances. Aussi M. de Freycinet recommanda-t-il à M. Sienkenwicz de se renfermer dans la plus grande réserve jusqu'à nouvelles instructions. Il devait se borner à tout ce qui pouvait intéresser la sécurité de nos nationaux.

Le même jour l'amiral anglais télégraphiait à son gouvernement que les Égyptiens construisaient une batterie en terre en face d'un bâtiment de l'escadre. Il demandait qu'on lui envoyât les autres navires. Ce télégramme du 29 mai 1882 a une importance extrême dans la question d'Égypte. Il est le point de départ de l'attitude nouvelle prise par l'Angleterre qui, après avoir longtemps hésité, commence à laisser pressentir l'action qu'elle entreprendra quelque temps après. Lord Granville prévient en effet notre ambassadeur qu'il propose de faire droit à la demande de l'amiral, d'inviter le sultan à envoyer un bâtiment de guerre à Alexandrie et d'informer les puissances. « Nous étions heureux hier, dit-il ensuite, de partager les vues de votre gouvernement alors qu'on pouvait croire à un changement favorable. Malheureusement tel n'est plus le cas. »

Ce « malheureusement » répondait-il bien à la conviction intime du ministre anglais ? Il est permis de se le demander en voyant le parti qu'il a su tirer pour son pays de la situation nouvelle que sa diplomatie déplorait ce jour-là.

CHAPITRE VI.

LA CONFÉRENCE DE CONSTANTINOPLE.

I.

Il fallait donc renoncer à l'espoir d'une solution pacifique, due, comme l'écrivait M. de Freycinet, « à la seule influence morale de nos escadres et aux bons offices de nos agents au Caire ». Aussi, dès le 30 mai 1882, il pensait qu'il y avait lieu de se concerter avec les puissances et la Turquie « pour arrêter les mesures les plus propres à terminer la crise. » Ce ne devait pas être sans une certaine angoisse que le ministre écrivait des instructions aussi peu conformes à celles de ses prédécesseurs et aussi contraires à ses idées d'autrefois sur le rôle des deux nations occidentales en Égypte.

Le procédé qui lui semblait le plus pratique et le plus favorable à un accord rapide était la réunion, dans l'une des capitales, d'une conférence formée des ambassadeurs des six cours et de la Porte. L'on pourrait ainsi, disait-il, « régler à l'avance avec une indiscutable autorité les conditions dans lesquelles devrait s'exercer l'emploi des moyens coercitifs si de tels moyens devenaient indispensables. »

Le gouvernement britannique adhéra volontiers à l'idée d'une conférence qui siégerait à Constantinople et il proposa comme base des délibérations de cette assemblée les points suivants :

1° Maintien des droits du sultan et du khédive ainsi que des engagements internationaux et des droits qui en résulteraient ;

2° Respect des libertés garanties par les firmans des sultans ;

3° Développement prudent des institutions égyptiennes.

M. de Freycinet s'empressa de se rallier à ce programme. Il y avait, en effet, lieu de se hâter, car la situation restait menaçante en

Égypte. Depuis plusieurs jours on signait des pétitions au sultan pour demander la déposition du khédive. Toutefois, si on était d'accord pour sembler mécontent de Tewfik, cette disposition cessait lorsqu'il s'agissait de lui trouver un remplaçant. Le prince Halim paraissait avoir le plus d'adhérents mais Ismaïl restait en correspondance avec un certain nombre de personnages influents.

C'est au milieu de ce chassé-croisé d'intrigues que l'on apprit la prochaine arrivée au Caire d'un commissaire ottoman. Abdul Hamid avait saisi avec empressement l'occasion qui lui était offerte « d'intervenir moralement » en Égypte comme le lui demandaient les représentants des deux puissances. A vrai dire, en désignant Dervish Pacha, le sultan croyait demeurer le seul juge des mesures à prendre pour rétablir l'ordre en Égypte. « *Nous ne saurions nous expliquer la nécessité de réunir une conférence pour les affaires égyptiennes*, écrivait le 3 juin 1882 le ministre d'Abdul Hamid. *La mission décidée par le souverain légitime et territorial doit primer toute autre considération.* » Ainsi apparaissaient, dès le début, les inconvénients de la concession faite au sultan. La crainte de l'intervention turque était jadis pour le gouvernement français le commencement de la sagesse. On n'avait pas à attendre longtemps pour regretter l'oubli de cette politique.

Les ambassadeurs de France et d'Angleterre insistaient vainement à Constantinople sur l'utilité d'un accord général pour trancher les questions pendantes. Ils se trouvaient en face d'un parti pris de différer jusqu'à ce que l'on sût le résultat de la mission de Dervish Pacha. On comptait évidemment sur un succès du commissaire turc pour éviter l'ingérence de l'Europe. Toutefois, le ministre des affaires étrangères ottoman laissa comprendre que « s'il échouait on accepterait la Conférence ». Une promesse à aussi long terme ne satisfit guère les deux cabinets qui chargèrent leurs représentants auprès des quatre cours d'insister sur la nécessité de se joindre à la France et à l'Angleterre pour engager la Porte à entrer dans le concert européen.

L'idée d'une entente commune avait obtenu l'assentiment des grandes puissances, mais chacune y apportait plus ou moins d'empressement. M. Mancini répondit le 7 juin à la demande anglo-française qu'il lui semblait préférable d'attendre trois ou quatre jours pour s'assurer du résultat de la mission de Dervish Pacha. A ses yeux les divers gouvernements n'auraient que plus d'autorité pour intervenir utilement dans le cas d'un échec qu'il croyait probable. Le comte Kalnocky envoya des instructions conformes à nos désirs à son ambassadeur en Turquie mais il faisait preuve d'un certain scepticisme en ce qui concernait le résultat de ces démarches. M. de Giers exprima au contraire l'opinion que, malgré l'envoi d'un commissaire turc en Égypte, il jugeait très utile de réunir la conférence. Il allait, déclara-t-il à l'amiral Jaurès, prendre les ordres de l'empereur et, si Sa Majesté l'approuvait, il télégraphierait à son chargé d'affaires à Constantinople de se concerter avec ses collègues.

Fort de cet assentiment, M. de Freycinet

se montra de plus en plus pressant auprès d'Essad Pacha. Le 9 juin, il lui redit combien il croyait indispensable que la Conférence fût constituée au plus tôt, sauf à ajourner ensuite ses travaux si elle jugeait utile d'attendre quelque temps les résultats de la mission. « Autrement, dit-il à l'ambassadeur ottoman, on s'expose, si la mission échoue, à ce que certaines puissances soient amenées sous la pression des événements à prendre des mesures brusques que le concert européen n'aura pu délibérer. De là peuvent sortir des complications graves dont la Turquie aura toute la responsabilité. »

Le même jour, notre ministre des affaires étrangères était informé de l'adhésion du cabinet de Berlin. Celui-ci venait d'envoyer au chargé d'affaires d'Allemagne à Constantinople l'ordre de se joindre à ses collègues pour s'exprimer à la Porte dans le même sens que la France et l'Angleterre. Avait-on perdu trop de temps à négocier et ces quelques jours passés à échanger des notes diplomatiques ne devaient-ils plus se retrouver ? Il est permis de le croire en voyant que la démarche eut lieu le 11 juin et que, malgré l'unanimité des puissances, les représentants des quatre cours durent se retirer avec une réponse évasive pour tout résultat.

II.

Au moment où les chefs du parti militaire égyptien semblaient disposés à se soumettre et déclaraient, pour la plupart, qu'ils ne refuseraient jamais d'obéir à Abdul Hamid, un événement se produisit qui allait porter le dernier coup aux espérances des partisans de l'ordre.

Le 11 juin 1882, à l'occasion d'une rixe entre un indigène et un maltais, des troubles graves éclataient à Alexandrie. Une lutte générale eut lieu vers trois heures. Des bandes d'Arabes armés de bâtons parcouraient les rues, pillant les maisons et brutalisant les Européens qu'ils rencontraient. Ils n'épargnaient absolument personne. Les consuls de Grèce, d'Italie et d'Angleterre furent blessés. Celui de France fut également poursuivi par des bandes furieuses au moment où il cherchait à rejoindre le gouverneur. Le soir pourtant le calme finit par se rétablir, mais il fallut recourir à l'armée pour garder la ville. C'était lui redonner une importance qu'elle avait déjà trop de dispositions à prendre.

Au lendemain de cette journée une première réunion eut lieu au Caire dans le palais du vice-roi. La commission ottomane, Chérif Pacha et les consuls généraux y assistaient, Arabi fut ensuite mandé. Tewfik et Dervish Pacha garantirent la sécurité publique. Arabi s'engagea, de son côté, à obéir à tous les ordres que lui donnerait le khédive pour empêcher le retour de nouveaux troubles.

Il n'y en avait pas moins là quelque chose de grave. Comme le mandait notre consul d'Alexandrie : « *Notre sort est entièrement entre les mains de l'armée. Il y a quinze jours on s'organisait contre elle, aujourd'hui elle nous protège ; le danger de la situation est là.* » Que ferait-elle, en effet, en présence du rôle nouveau qu'elle avait à jouer ? Saurait-elle se montrer assez sage pour le remplir avec cette ferme dignité qui prouve la véritable force? Autant d'inconnues qui pouvaient, à juste titre, préoccuper les esprits.

Le 13 juin 1882, le khédive partit pour Alexandrie avec le commissaire ottoman. Il y fut accueilli « respectueusement mais froidement. » Ce n'était pas fait pour rassurer nos consuls. Aussi M. Sienkenwicz continuait-il à s'occuper de la sécurité de nos nationaux et engageait-il ceux qui étaient disséminés à se rapprocher d'Alexandrie, du Caire ou de Port-Saïd. M. Kleczkowski, de son côté, veillait à ménager notre influence en Égypte. Il entretenait de bonnes relations avec les officiers d'Alexandrie qui venaient se reposer sous le portique du consulat de France. « Il faut éviter avant tout, disait-il, que l'armée tourne contre les Européens. Je m'inspire de cette nécessité. »

L'Angleterre faisait preuve de moins de calme ou, si l'on veut, d'une prudence plus hâtive. Dès le 14 juin, presque toutes les familles anglaises étaient embarquées. Le même jour, M. Sienkenwicz prévint M. de

Freycinet que les consuls généraux partiraient le lendemain pour Alexandrie et que M. Malet devait se rendre directement à bord d'un navire de l'escadre. « Je vous laisse juge, lui répondit le ministre, du moment où vous devez quitter le Caire. L'intérêt de nos nationaux doit primer toute autre considération et dicter votre conduite. Je vous donne les pouvoirs nécessaires pour prendre toutes les mesures que vous jugerez utiles. »

Du moment où la confiance est ébranlée il devient difficile de rétablir le calme véritable. Chaque jour devait le prouver davantage. Le 15 juin, bien que la journée se fût passée sans incidents, notre consul télégraphiait d'Alexandrie que la situation restait toujours grave. « Les affaires sont suspendues, disait-il, les magasins fermés et les rues désertes. L'inquiétude augmente. » Il dut prendre les précautions retardées par lui aussi longtemps qu'il avait cru pouvoir le faire sans compromettre la sécurité de nos nationaux. De concert avec l'amiral Conrad il réquisitionna deux vapeurs français auxquels il donna l'ordre de recevoir à bord les familles qui s'y présenteraient. Toutefois, afin de parer à l'inquiétude et peut-être à l'affolement que risquait de causer cette mesure, il évita de la rendre publique. La discrétion avec laquelle il agissait ne l'empêchait pas, d'ailleurs, de se montrer prévoyant. Il demanda à M. de Freycinet d'insister auprès des messageries maritimes pour que l'*Oxus* touchât à Alexandrie, et des ordres furent immédiatement donnés par le ministre de la marine.

En présence de la marche des événements les autres pays s'inquiétaient aussi. Le gouvernement grec expédia un bâtiment de transport à Alexandrie. Le chargé d'affaires d'Allemagne à Constantinople, sollicité par l'agent impérial en Égypte, adressa des instructions aux consuls de la côte de Syrie « pour les inviter à noliser et à envoyer à Alexandrie des bâtiments destinés à recueillir, s'il était nécessaire, la colonie allemande ». Un navire de guerre de cette nation vint également de Malte « afin de montrer son pavillon dans les eaux égyptiennes ».

Arabi Pacha témoigna une certaine émotion de ces préparatifs et tint à rassurer l'Europe. Il fit afficher au Caire, le 16 juin, une proclamation rédigée en français et dans laquelle il répondait de l'ordre. Des mesures rigoureuses furent prises dans les principaux centres de l'Égypte pour assurer la tranquillité publique. C'est que l'annonce par l'agence Havas de l'arrivée prochaine des transports français avait produit un effet sérieux. On appréhendait que ce ne fût l'indice d'une intervention projetée ; les indigènes commençaient à être inquiets et se demandaient ce qu'ils deviendraient si les Européens se retiraient.

III.

La parole du ministre de la guerre était une caution insuffisante pour empêcher la France et l'Angleterre de poursuivre leurs négociations. Poussé par la force des choses et désireux de ne pas se séparer du cabinet anglais, M. de Freycinet fit, le 16 juin 1882, une démarche nouvelle qui l'entraînait de plus en plus sur la pente de l'intervention turque. « Je vous prie de proposer au gouvernement auprès duquel vous êtes accrédité, disait-il à nos ambassadeurs, que le sultan soit en cas de nécessité invité simultanément par les puissances réunies en conférence à se tenir préparé à prêter au khédive une force suffisante pour permettre à S. A. de maintenir son autorité. » Il est vrai que l'on cherchait à prendre des précautions. Pendant le temps de leur séjour en Égypte, ces troupes seraient placées sous les ordres du vice-roi. Le sultan devrait en outre « être requis de donner l'assurance positive qu'elles seraient employées seulement pour le maintien du *statu quo* et qu'aucune atteinte ne serait portée ni aux libertés de l'Égypte ni aux arrangements européens ». Même entourée de toutes ces garanties, la concession faite par le quai d'Orsay au cabinet anglais n'en demeurait pas moins considérable et significative.

Ce n'était pas tout que de se garder contre la Turquie. D'autres convoitises plus redoutables encore pouvaient naître qu'il convenait d'enrayer dès le début. C'est la pensée qui inspira M. de Freycinet dans les instructions qu'il adressait le 16 juin 1882 à notre ambassadeur à Londres. Il rappelait l'initiative prise par l'Angleterre lors de l'exécution du traité de Berlin et pensait qu'au moment où les puissances allaient procéder en commun au règlement des affaires d'Égypte, il serait bon d'adopter un protocole de désintéressement ainsi conçu : « *Les gouvernements représentés par les soussignés s'engagent à ne chercher aucun avantage territorial, ni la concession d'aucun privilège exclusif, ni aucun avantage commercial pour leurs sujets que ceux de toute autre nation ne puissent également obtenir.* » Les termes de la note convinrent au Foreign-Office et lord Granville déclara à notre ambassadeur qu'il les acceptait *entièrement*.

Sur ces entrefaites, se produisit un incident assez curieux. Le 17 juin lord Lyons communiquait à M. de Freycinet un télégramme de lord Granville portant que le sultan préférait n'être pas représenté à la Conférence, mais qu'il n'avait d'ailleurs aucune

objection à ce qu'elle se réunît à Constantinople sans sa participation. Le cabinet anglais, disait l'ambassadeur, adhérait à cette
proposition. En présence de cette situation,
le ministre français donna son assentiment et
les quatre puissances acceptèrent également
la combinaison. Au moment où l'on semblait
d'accord, Saïd Pacha déclara en son nom et
au nom du Sultan « qu'il démentait de la
façon la plus catégorique les ouvertures faites
par Musurus Pacha ».

Que s'était-il donc passé? L'ambassadeur
ottoman à Londres avait-il parlé en son nom
personnel et s'était-il trop avancé auprès de
lord Granville, ou bien celui-ci avait-il pris
un peu vite ses désirs pour des réalités? On
a quelque peine à se l'expliquer. Quoi qu'il
en soit, la déclaration très nette du ministre
des affaires de Turquie ne laissait pas de place
au doute sur les dispositions du sultan vis-à-
vis de la Conférence. Il persistait à la croire
inutile et inopportune en s'appuyant pour le
répéter plus que jamais sur les dernières
nouvelles d'Égypte.

En effet, le 18 juin, sous la pression des

agents d'Allemagne et d'Autriche, le khédive s'était décidé à se séparer une seconde fois de Mahmoud et avait signé la nomination de Ragheb Pacha comme président du Conseil. Mais cette combinaison que M. Sienkenwicz proposait un mois plus tôt arrivait maintenant trop tard pour donner un résultat sérieux. Aussi notre consul général mandait-il à M. de Freycinet : « En ce qui me concerne je reste sur la réserve, convaincu que la Conférence peut seule régler la question égyptienne. »

Ce fut également l'avis du ministre qui fit soumettre à lord Granville un projet de télégramme pour inviter les représentants des six grandes puissances à se réunir le 22 juin à Constantinople. Les délibérations devaient avoir pour sujet exclusif « le règlement des questions posées en Égypte par les derniers événements qui s'y sont produits ». Fort de l'assentiment du cabinet anglais, M. de Freycinet, malgré une tentative nouvelle faite par le Sultan auprès des puissances, invita nos ambassadeurs à présenter aux ministres des affaires étrangères la convocation pour la Conférence.

IV.

Les divers cabinets avaient tous accepté le protocole de désintéressement. L'accord semblait donc définitivement établi. M. de Freycinet, afin que tout fût prêt à temps pour le 22 juin, envoya la veille ses dernières instructions au marquis de Noailles chargé de représenter la France. Il lui laissait toute latitude pour discuter et, au besoin, accepter *ad referendum* les solutions qui seraient suggérées pour atteindre le but que nous nous proposions. « Dans le cas où l'intervention armée de la Turquie, lui disait-il en terminant, serait mise en délibération, je vous recommande expressément d'insister pour que cette intervention soit réglée de manière à ne pas dégénérer en une occupation plus ou moins prolongée. » Le ministre ne se doutait pas que la crainte ainsi manifestée à l'égard de la Turquie eût été plus de mise encore vis-à-vis de l'Angleterre.

Le 22 juin, toutes les autorisations d'assister à la Conférence étaient arrivées. L'ambassadeur autrichien seul n'avait pas reçu la sienne. C'est que le comte Kalnocky, ému de la résistance opposée par Abdul Hamid, chancelait au dernier moment. Il redoutait, « si l'on agissait en dehors du sultan au lieu de chercher à obtenir son concours, que l'on augmentât les difficultés d'une solution pacifique ». Pourtant l'accord des autres puissances le fit réfléchir et ses hésitations prirent fin. Le lendemain il envoya ses pouvoirs au représentant de l'Autriche.

Il ne restait plus qu'à se mettre à l'œuvre. Le 23 juin 1882, le comte Corti, doyen du corps diplomatique, invitait ses collègues à se réunir chez lui à trois heures de l'après-midi. La Conférence de Constantinople commençait. On ne peut pas dire qu'elle s'ouvrit sous d'heureux auspices. En dépit du concert des six puissances, l'obstination acharnée de la Porte à décliner une entente faisait prévoir les difficultés que l'on aurait à trouver une solution pratique et avantageuse pour tous de la question d'Égypte ainsi posée à nouveau devant l'Europe.

Le même soir, vers 6 heures, Reschid Bey, secrétaire du sultan, communiquait au marquis de Noailles un télégramme d'Alexandrie. On y annonçait que les officiers égyptiens venaient de protester de leur soumission au suzerain devant Dervish Pacha et de se déclarer également soumis au khédive et prêts à obéir à ses ordres. Abdul Hamid ne doutait pas que ce fût la fin des difficultés et il attachait une grande importance à cette nouvelle, se berçant de l'espoir que la Conférence, désormais inutile, ne s'assemblerait pas.

Il était maintenant trop tard. Une seconde réunion des ambassadeurs eut lieu le 25 juin. On y signa le protocole de désintéressement pour procéder ensuite à un échange de vues général sur la situation de l'Égypte. La conclusion pratique en fut un memorandum que l'on remit à Saïd Pacha. Celui-ci le reçut, mais à titre officieux seulement. « Les représentants des puissances, disait ce document, ont tous été d'accord pour regretter que leur première délibération n'ait pas eu lieu sous la présidence du ministre des affaires étrangères du Sultan. Ils tiennent à établir qu'ils seraient toujours heureux de voir le gouvernement ottoman participer aux travaux d'une Conférence qui s'est réunie à Constantinople en vue précisément de pouvoir rester dans les rapports les plus directs possible avec la sublime Porte. »

Le 27 juin l'ambassadeur d'Italie proposait à la Conférence qu'il fût entendu que, pendant la durée de ses réunions, les puissances s'abstiendraient de toute entreprise isolée en Égypte. Cette proposition était acceptée mais sous la réserve d'un cas de force majeure tel que la nécessité de protéger la vie des nationaux. Il y avait prudence de la part des divers pays à se réserver cette porte de sortie et l'Angleterre, dont les projets nouveaux commençaient à se deviner, se garda bien de la fermer.

Le gouvernement britannique, si longtemps désireux de ne pas faire sentir son action en Égypte, semblait vouloir rattraper le temps perdu. Dès le 22 juin, en effet, lord Lyons était venu, de la part de lord Granville, proposer à M. de Freycinet de se concerter en vue de mesures immédiates pour protéger le canal de Suez. Le ministre français lui répondit le 24, après en avoir délibéré en conseil, que le canal n'était menacé en rien. Le seul danger que redoutait la compagnie consistait dans la protection même qu'on voulait lui offrir. D'après elle une occupation pourrait entraîner la rupture du canal d'eau douce et déterminer des actes d'hostilité contre le canal maritime.

Au moment où le cabinet anglais semblait désireux de s'entendre avec nous à Paris, il ne craignait pas de favoriser un désaccord en Égypte. Tandis que notre contrôleur général avait reçu du quai d'Orsay l'ordre d'assister au Conseil des ministres, son collègue d'Angleterre affirmait avoir des instructions contraires. Pour ne pas laisser éclater ce dissentiment aux yeux de tous, M. de Freycinet crut bon de donner contre-ordre à M. Brédif.

L'abstention ainsi recommandée par le Foreign-Office ne signifiait certes pas qu'il renonçât à ses projets. Bien au contraire, son activité se manifestait chaque jour davantage et notre consul général pouvait télégraphier en France dès le 26 juin : « L'attitude des

Anglais semble annoncer une action très prochaine sinon immédiate. » Le surlendemain, M. Sienkenwicz allait encore plus loin puisque, traduisant l'opinion qui régnait à Alexandrie, il télégraphiait : « On croit ici à une action anglaise imminente. » Il était d'autant plus permis de le supposer que l'émigration des Européens continuait sans cesse. Au consulat d'Angleterre, il ne restait que deux commis qui enregistraient le nom des sujets britanniques désireux de demeurer en Égypte. L'agence était gérée par un secrétaire d'ambassade. On apprenait d'autre part l'arrivée à Malte de l'escadre anglaise commandée par le duc d'Édimbourg qui avait détaché l'une de ses frégates pour l'envoyer à Alexandrie.

Si quelque chose avait pourtant pu désarmer l'Angleterre c'eût bien été l'attitude conciliante par le nouveau président du conseil égyptien. Dans une proclamation du 30 juin, il affirmait en effet les dispositions les plus pacifiques et les mieux faites pour calmer les esprits. « Mon premier devoir, disait Ragheb Pacha, est l'obéissance la plus complète à S. A. le khédive. — Mon second d'effacer la haine et la rancune du cœur des Égyptiens. — Mon troisième, qui est le plus grand de notre devoir à tous, est de respecter les étrangers, nos alliés, de protéger leur vie et leurs biens. » Lord Granville négligeait volontiers les symptômes rassurants pour s'attacher plutôt à ceux qui pouvaient entretenir de salutaires alarmes. L'humanité n'avait rien à voir cette fois dans les événements qu'il suivait avec un si vif intérêt, mais la civilisation pouvait en prendre quelque ombrage et cela suffisait à expliquer la mission que l'Angleterre se préparait à remplir. Le Foreign-Office tint donc assez peu compte des protestations amicales du gouvernement égyptien. Par contre, il apprit bien vite que celui-ci avait sollicité de la Porte l'autorisation de compléter les fortifications d'Alexandrie. Aussitôt il invita lord Dufferin à demander aux ministres turcs l'accueil qu'ils comptaient faire à cette démarche, se réservant, disait-il, de régler sa ligne de conduite suivant la réponse.

Ce procédé, plutôt comminatoire, se con-

ciliait-il bien avec la proposition, faite par
l'Angleterre à la Conférence, d'une intervention armée de la Turquie? On a quelque
peine à l'admettre au premier abord à moins
de croire, par un prodige d'indulgence, que
le désir d'une entente pouvait l'avoir provoqué. A vrai dire, en parlant aux ambassadeurs
de confier une mission armée à la Porte, le
représentant de l'Angleterre avait eu le soin
de prévoir un refus possible et de faire examiner s'il n'y avait pas lieu de laisser entendre par la communication adressée au sultan
que, dans ce cas, on pourrait aviser à d'autres
moyens. Cette façon discrète mais significative de poser sa candidature à l'intervention
n'eut pas l'air d'inquiéter outre mesure les représentants des puissances qui se réservèrent
d'émettre leur opinion à ce sujet « au moment opportun ». La question d'opportunité
n'avait rien d'effrayant pour lord Granville.

V.

« Je ne serais pas surpris, télégraphiait

M. de Freycinet le 4 juillet 1882, que l'exécution des nouveaux travaux de défense à Alexandrie déterminât l'Angleterre à opérer un bombardement. » Ce télégramme ne s'adressait plus à M. Sienkenwicz, mais bien à M. de Vorges qui venait d'arriver en Égypte pour gérer le consulat général. Ainsi à l'instant le plus critique, le représentant de la France était changé alors que l'Angleterre conservait précieusement le sien. La suite des instructions adressées au nouvel agent pourrait paraître de l'ironie, si l'ironie eût été de mise en un pareil moment. « Dans l'intérêt de nos nationaux, recommandait le ministre, et afin de ne pas détruire toute chance de solution pacifique, *usez de votre influence* sur les autorités égyptiennes pour qu'elles s'abstiennent soigneusement de tout ce qui pourrait amener une collision. » Quels que fussent l'intelligence et les mérites de M. de Vorges, il était difficile d'admettre qu'il eût pris en trois jours une « influence » assez complète pour mener à bien une aussi délicate mission.

Il ne put répondre à ces instructions plutôt inquiètes que par des nouvelles plus inquiétantes encore. « Les Anglais, mandait-il le même jour à M. de Freycinet, font prévenir leurs compatriotes de s'embarquer au premier ordre. Ils ont envoyé ce matin une note pour prévenir que si l'on obstruait l'entrée du port ils s'y opposeraient par la force. » Puis, éclairant d'un mot la situation, il disait : « Tout semble disposé pour une action prochaine de l'Angleterre *avec ou sans nous.* »

Le goût de temporisation du ministre français se trouvait mis à une rude épreuve par la perspective d'une décision que son patriotisme lui faisait pourtant un devoir de prendre. Il était, en effet, nécessaire que l'amiral français fût informé de la conduite à tenir dans le cas où les Anglais se livreraient à quelque acte d'hostilité. Cela importait d'autant plus que, suivant le conseil de notre représentant à Alexandrie, la sécurité de nos nationaux nous contraignait à séparer nettement notre cause de celle des Anglais, si toutefois nous ne coopérions pas.

M. de Freycinet attendit encore jusqu'au

lendemain. Mais le 5 juillet, toute hésitation devint impossible. Lord Lyons fit savoir au quai d'Orsay que l'amiral Seymour était autorisé à remettre aux Égyptiens un ultimatum en vue d'arrêter leurs travaux de défense et, pour le cas où cet ultimatum resterait sans effet, à ouvrir le feu contre ses ouvrages. Il demanda si des instructions semblables seraient envoyées à l'amiral Conrad. Le conseil des ministres fut réuni. L'heure était décisive pour la politique française et l'on peut comprendre quelles angoisses devaient éprouver ceux qui avaient la lourde responsabilité de la diriger en ce moment. Il est fâcheux pour leur mémoire que le désir d'une attitude énergique ait fait défaut à la majorité d'entre eux. Le conseil fut en effet d'avis que nous ne pouvions pas nous associer à l'ultimatum de l'Angleterre.

L'abdication de la France était complète. Pouvait-elle du moins se justifier? Les raisons officiellement données ne paraissent pas le démontrer. « On serait entraîné, disait M. de Freycinet, à des actes offensifs qui ne seraient pas en rapport avec l'attitude que nous avons prise au regard de la Conférence où les puissances se sont engagées à ne pas intervenir isolément. » Or l'on n'était pas seul puisqu'on marchait avec l'Angleterre, et que les divers gouvernements avaient toujours reconnu la situation privilégiée des deux pays en Égypte. Ceux-ci avaient eu le tort, il est vrai (et cette faiblesse a lourdement pesé sur la politique de M. de Freycinet), de faire un moment le sacrifice de cette prépondérance au concert européen. Mais l'on avait réservé le cas de force majeure et l'Angleterre l'invoquait. Dès lors il fallait choisir : ou bien le cas n'existait pas et l'on devait dénoncer la conduite de la Grande-Bretagne aux autres puissances avec assez de force pour l'entraver, ou bien, au contraire, on se trouvait en présence d'une situation qui autorisait à agir et, dans cette hypothèse, obligation était d'intervenir.

La seconde raison invoquée par M. de Freycinet s'explique moins encore. « Des actes offensifs de la nature de ceux auxquels on s'exposait ne peuvent, en vertu de la constitution, rappelait-il, être accomplis qu'avec l'autorisation préalable du Parlement. » A coup sûr on ne lui demandait pas un acte d'arbitraire et il ne peut venir à aucun esprit sensé l'idée qu'il aurait dû donner des ordres sans consulter les Chambres. Mais celles-ci étaient réunies. Rien donc n'eût été plus facile que de leur demander l'autorisation voulue, comme on allait le faire quelques jours plus tard, pour la protection du canal de Suez. Seulement il aurait fallu, et c'est là ce qui manquait au ministre des affaires étrangères de cette époque, l'énergie et la décision.

Le pays a été la victime de cette théorie, indigne du véritable homme d'État, qui consiste à se laisser diriger par les Chambres et à chercher en elles d'où vient le vent pour le faire souffler dans ses voiles. Ce qu'il faudra toujours regretter c'est l'absence à la tête du Conseil d'alors d'un chef de gouvernement qui eût sa volonté bien nette et qui cherchât, par des raisons mûrement pesées, à imposer une manière de voir conforme aux intérêts français. Ce n'était pas le talent de persuasion qui faisait défaut à M. de Freycinet, c'était la foi qui seule peut triompher quand elle est au service d'une cause juste et nécessaire. La lutte l'effraya dans ce moment critique ; ne croyant pas trouver la majorité il se garda bien de chercher à la faire naître. Ce manque de courage politique devait priver la France en Égypte de la situation prépondérante qu'elle y occupait depuis si long-temps.

CHAPITRE VII.

LE BOMBARDEMENT D'ALEXANDRIE.

I.

Le jour même où le cabinet français se prononçait pour la non-intervention, l'amiral Conrad recevait l'ordre de déclarer à l'amiral Seymour que, si l'ultimatum était néanmoins présenté, la division française se verrait dans la nécessité de quitter le port d'Alexandrie tout en restant dans les eaux égyptiennes. Il y avait, après ce refus de coopération, quelques ménagements à garder avec le cabinet de Londres et M. de Freycinet chargea notre ambassadeur de faire comprendre à lord Granville que « notre conduite en cette circonstance n'avait rien de contraire aux sentiments d'amitié qui nous liaient à l'Angleterre ». Il est facile de croire que le Foreign-Office ne se montra pas, outre mesure, désolé de la liberté qu'on lui rendait en Égypte et ne nous garda pas rigueur d'une décision qui lui permettrait d'intervenir seul au mieux de ses intérêts.

En même temps que la marine adressait ses instructions à l'amiral Conrad, le quai d'Orsay prévint M. de Vorges d'avoir à prendre, en cas de départ de notre escadre, toutes les mesures utiles pour la sécurité de nos nationaux. Il conservait toutefois encore de l'espoir car les renseignements sur les travaux de défense étaient des plus contradictoires. Le 5 juillet, l'amiral Seymour déclarait que l'on travaillait aux fortifications ; le 6, il reconnaissait qu'on les laissait en suspens. Le 7, sur de nouvelles informations sans doute, il faisait tous les préparatifs militaires et promettait à l'amiral Conrad de le prévenir avant d'envoyer l'ultimatum. Il y avait là de quoi préoccuper à juste titre le gérant du consulat général qui fit embarquer les archives de notre agence.

Le 8 juillet, à moins de vouloir résister à

l'évidence, on ne pouvait plus croire à une solution pacifique. Aussi, M. de Freycinet ordonna-t-il à M. de Vorges de se retirer à bord de la flotte, quand il jugerait le moment venu et d'y rester jusqu'à de nouvelles instructions. Le lendemain, le chargé d'affaires anglais lui donnait avis que nos nationaux devaient quitter Alexandrie dans les vingt-quatre heures. C'était dire qu'on touchait à la crise. L'amiral anglais avait huit grands cuirassés autour d'Alexandrie et il les amenait successivement à leur position de combat.

C'est le 10 juillet que l'amiral Seymour envoya son ultimatum pour déclarer l'ouverture des hostilités le lendemain, si l'Égypte ne lui donnait pas satisfaction. Lord Lyons vint l'annoncer à M. de Freycinet en affirmant que « la reprise des travaux de défense avait nécessité cette conduite. » Presque à la même heure l'ambassadeur anglais à Constantinople avertissait son collègue français que deux nouvelles pièces avaient été démasquées et que l'ultimatum demandait la reddition temporaire des forts pour les désarmer. L'Angleterre avait d'ailleurs bien soin de déclarer officiellement que « *si le bombardement des forts d'Alexandrie avait lieu, cet acte était considéré par le cabinet anglais comme un acte de légitime défense n'entraînant aucune conséquence et ne cachant aucune arrière-pensée de la part du gouvernement britannique* ».

Une dernière tentative fut alors faite par la Turquie. Le ministre des affaires étrangères alla trouver lord Dufferin pour lui demander de différer le bombardement d'Alexandrie. D'après la Porte on avait interrompu les travaux de fortifications à la suite de l'ordre du Sultan. De plus, Saïd Pacha promit à l'ambassadeur d'Angleterre que « dans 24 heures il serait en mesure de lui proposer une solution satisfaisante de la question d'Égypte ». Pouvait-on s'en tenir à cette seule assurance ? Lord Dufferin crut impossible de l'admettre et ne voulut s'engager à rien. Il était d'ailleurs bien tard et l'Angleterre s'était trop avancée pour reculer au dernier moment.

Le 11 juillet 1882, le bombardement d'Alexandrie commençait à sept heures du matin. A la fin de l'après-midi, M. de Vorges télégraphiait au quai d'Orsay : « Les forts du Marabou, du Mex et du Phare paraissent éteints. Pharos riposte encore. A quatre heures et demie deux cuirassés anglais entrent dans l'avant-port. » La lutte semblait donc finie et notre consul général demandait au ministre « si les fonctionnaires supérieurs français détachés auprès du gouvernement égyptien devaient reprendre leur service aussitôt que possible ou attendre de nouveaux ordres ». Le calme d'esprit dénoté par ce premier télégramme s'expliquerait mal, si M. de Vorges avait connu dès ce jour les résultats du bombardement. C'est le surlendemain seulement qu'il put juger de l'effet produit quand il sut que la ville brûlait et était pillée par les Bédouins. Vingt-huit Français restés à Alexandrie avaient néanmoins pu s'échapper, mais les pertes matérielles étaient considérables. L'armée d'Arabi s'était retirée hors de la ville et les Anglais ne paraissaient préparer aucune troupe de débarquement pour rétablir l'ordre.

C'était du côté du canal de Suez que le gouvernement britannique semblait porter toute son attention. Le sort de cette voie de communication avec son empire des Indes lui était autrement sensible que celui des habitants d'Alexandrie. Le 13 juillet, lord Lyons venait trouver M. de Freycinet et lui disait combien lord Granville avait été satisfait d'apprendre que le refus opposé le 24 juin par la France de coopérer à la défense du canal ne devait pas être considéré comme absolu.

Le ministre français qu'une action offensive en Égypte avait effrayé crut pouvoir sauver l'influence de notre pays en limitant l'accord de la France et de la Grande-Bretagne à la protection du canal de Suez. Il se berçait ainsi de l'espoir que les deux gouvernements pourraient reprendre en Égypte la position que leur avait fait perdre, il le sentait un peu tard, l'appel adressé au concert européen. Il voulait surtout atténuer l'impression fâcheuse causée par le départ d'Alexandrie de la flotte française et il pensait, en présence d'un mandat donné par la Conférence, recevoir du Parlement l'autorisation d'agir. « Nos dispositions nous permettraient, déclarait-il à lord Lyons, une fois le vote obtenu, de passer à l'exécution aussitôt qu'il le faudrait ».

Lord Granville cherchait d'autre part à agir auprès des puissances. L'ambassadeur d'Angleterre à Berlin recevait l'ordre, le 13 juillet, de déclarer que le gouvernement anglais « considérait le passage du canal de Suez comme pouvant être mis en péril par suite des événements d'Égypte » et de savoir dans quelle mesure il pourrait compter sur le concours de l'Allemagne pour en demander la protection.

La plupart des membres du cabinet Gladstone attachait surtout un grand prix à une entente avec la France. Ils se plaisaient au moins à le déclarer à M. Tissot qui écrivait le 14 juillet à M. de Freycinet : « Dès que la Conférence aura terminé sa tâche (et lord Dufferin a l'ordre de l'activer le plus possible) on espère bien obtenir notre concours. » Mais quelque désir que l'on eût d'un accord on n'en prenait pas moins à Londres les mesures isolées que l'on jugeait utiles. Le gouvernement anglais donnait l'ordre à quelques bâtiments de parcourir le canal de Suez pour le protéger contre les attaques dont il pourrait être l'objet. Il s'appuyait, pour le faire, sur les sollicitations que lui avaient adressées à cet égard la plupart des Chambres de commerce. La raison ne manquait sans doute pas de valeur mais l'on ne peut s'empêcher de se souvenir avec quelle facilité les ministres britanniques savent apercevoir (quand il ne les font pas naître) les courants populaires qui servent leur politique. — « L'opinion publique est assez surexcitée ici, mandait notre ambassadeur, et il ne serait pas impossible que le cabinet poussé par elle se vît dans la nécessité d'occuper militairement le canal au cas où il serait attaqué. »

M. de Freycinet pensa qu'il convenait aussi à la France de prendre quelques précautions et le 15 juillet l'amiral Conrad recevait de la marine les ordres nécessaires pour faire parcourir le canal par ses navires de guerre en vue de protéger la circulation.

II.

En face des événements d'Alexandrie la Conférence de Constantinople avait joué un rôle plutôt passif, mais qui n'était pas fait pour surprendre avec la lenteur habituelle que met le concert des puissances à se manifester en Turquie. Le 15 juillet, cependant, les ambassadeurs se réunirent de nouveau. Ils signèrent et firent transmettre immédiatement par leurs drogmans respectifs l'invitation au gouvernement impérial d'intervenir en Égypte.

A la même heure se posait la question de la protection du canal de Suez. Comme le cabinet anglais, le ministère présidé par M. de Freycinet fut d'avis d'en saisir la Conférence. Mais le gouvernement français ne croyait pas que l'on dût solliciter directement le mandat de l'Europe. La note anglaise portait ces mots : « L'Angleterre et la France ont les moyens d'assurer la sécurité du canal, elles sont disposées à se servir de ces moyens.

Elles consentent à recevoir le concours de la Turquie et de toute autre puissance qui désire donner le sien à condition qu'il ne crée pas de retard. » Le quai d'Orsay demanda une rédaction légèrement différente, mais dont la nuance était assez sensible pour justifier cette modification. « La France et l'Angleterre, disait-il, proposent à la Conférence de désigner les puissances qui seraient chargées, le cas échéant, de prendre les mesures spécialement nécessaires à la protection du canal. — Afin de gagner du temps, les puissances ainsi désignées et qui auraient accepté le mandat seraient autorisées à décider du mode et du moment de l'action. Cette action s'exercerait, en tous cas, sur le principe du protocole de désintéressement. *Si nous sommes au nombre des puissances désignées par la Conférence*, ajoutait en terminant M. de Freycinet, *nous accepterons le mandat sous réserve, bien entendu, de la ratification du Parlement.* »

Le gouvernement britannique ne fit pas d'objections aux termes choisis par le ministre français et, le 17 juillet, il adhérait à la déclaration amendée. Le quai d'Orsay avait eu bien soin de prévenir notre ambassadeur à Constantinople que son désir était de voir le mandat, si on le lui offrait, très nettement limité à la protection directe du canal et « sans aucune connexité avec l'intervention proprement dite ». Celle-ci lui apparaissait toujours sous un aspect redoutable que lui semblait moins revêtir celle-là. « Nous verrions avec plaisir, disait M. de Freycinet, que d'autres puissances, même non représentées à la Conférence, pussent participer à cette protection qui est d'un intérêt universel. »

Cette préoccupation de « l'intérêt universel » touchait médiocrement les ministres de la Reine. Le cabinet anglais songeait avant tout au sien propre. L'amiral Seymour n'avait pas craint de commencer le bombardement d'Alexandrie avant de posséder sous la main les troupes de débarquement nécessaires laissant ainsi au pillage et à l'incendie le temps de faire leur œuvre. Il s'était pourtant décidé à faire descendre alors des forces chargées du maintien de l'ordre. Ce serait leur seule mission, assurait le 18 juillet sir Charles Dilke à M. Tissot. Elles ne poursuivraient pas Arabi Pacha ainsi que le demandait la plupart des journaux de Londres qui commençaient à parler des devoirs et surtout des droits de l'Angleterre.

On est autorisé à croire que le sultan s'émut de ces dispositions nouvelles et commença à trembler pour sa suzeraineté, car, le 19 juillet, il consentait « à prendre part à la Conférence réunie à Constantinople uniquement pour les affaires d'Égypte, afin de discuter et d'arrêter les mesures nécessaires pour assurer le retour de l'état de choses régulier et normal en ce pays ». Malheureusement pour lui, Abdul Hamid se décidait un peu tard.

Sans doute le concert européen n'était pas absolument unanime. L'Allemagne et l'Autriche se montraient hostiles à l'idée d'un mandat confié à des puissances pour protéger le canal de Suez. Le comte Kalnocky trouvait que ce serait créer autant d'embarras aux mandants qu'aux mandataires et, quant à lui, il n'était pas disposé à accepter la responsabilité des événements. L'Allemagne s'y refusait nettement mais « *elle n'avait pas l'intention d'entraver en quoi que ce soit l'action des gouvernements qui croiraient devoir prendre les mesures nécessaires pour rétablir l'ordre en Égypte*[1] ». Après une pareille déclaration, il y a lieu d'être surpris que M. de Freycinet continuât désespérément à s'en tenir à la seule idée de protéger le canal. C'était pourtant son unique préoccupation et tout l'objet de sa diplomatie au dedans aussi bien qu'au dehors.

III.

Les vues de l'Angleterre portaient plus loin. Pendant qu'elle négociait avec le quai d'Orsay sur les mesures que l'on pouvait bien prendre en commun, elle continuait auprès des divers pays ses démarches particulières. Elle commençait à trouver qu'Arabi Pacha était un danger sérieux et elle cher-

1. Comte d'Aunay à M. de Freycinet, 21 juillet 1882.

chait à l'isoler de ses partisans. L'ambassadeur anglais à Rome pria le ministre des affaires étrangères d'Italie de donner des instructions au comte Corti pour qu'il soutînt une démarche de lord Dufferin tendant à faire déclarer par le sultan Arabi Pacha rebelle. M. Mancini répondit seulement qu'il ne voyait pas d'objection à soulever si les autres cabinets acceptaient.

Au moment où la politique de lord Granville rendait de plus en plus probable une expédition anglaise en Égypte, les délégués de la Turquie se présentaient à la Conférence. Le comte Corti qui la présidait en sa qualité de doyen du corps diplomatique récapitula les travaux antérieurs de la réunion, puis, selon l'usage, céda la présidence au ministre des affaires étrangères ottoman. Saïd Pacha prévint alors les ambassadeurs qu'il acceptait en principe l'envoi de troupes turques en Égypte. C'était une satisfaction accordée à l'Europe.

L'Angleterre venait d'en recevoir une du khédive. Tewfik Pacha, pour qui la sujétion vis-à-vis de la Grande-Bretagne avait pris naissance avec le bombardement du 11 juillet, destitua son ministre de la guerre « pour avoir abandonné Alexandrie ». Le cabinet anglais jugea cette mesure encore insuffisante et donna des instructions à lord Dufferin pour proposer à la Conférence la déclaration comme rebelle d'Arabi Pacha. Le comte Corti avait reçu de son gouvernement l'autorisation d'adhérer à la démarche anglaise. — L'ambassadeur d'Autriche devait aussi s'exprimer dans le même sens.

En ce qui concernait la protection du canal de Suez, lord Granville n'était pas éloigné de proposer à l'Italie une coopération avec la France et l'Angleterre. M. Mancini aurait préféré une désignation par la Conférence, mais le comte Corti le prévint qu'en raison des instructions reçues par quelques-uns de ses membres, elle s'abstiendrait de donner aucun mandat. « Si le gouvernement italien, disait l'ambassadeur, avait une résolution à prendre il devait en prendre l'initiative. »

Le 26 juillet 1882, Saïd Pacha déclarait à la Conférence que les troupes ottomanes étaient sur le point de partir pour l'Égypte.

Il y avait malheureusement pour la Turquie loin de la coupe aux lèvres. Les Anglais, au contraire, ne perdaient pas leur temps. Ils s'emparaient de Ramleh, où ils se fortifiaient, et ils faisaient nommer Omer Pacha Loufti comme ministre de la guerre à la place d'Arabi. Lord Granville donnait, il est vrai, l'assurance qu'il accepterait la coopération des forces turques, mais il avait le soin d'ajouter qu'il poursuivrait ses propres mesures. Il les poursuivait si bien que la nouvelle du bombardement d'Aboukir courut un moment. Le cabinet français demanda des informations au consulat général. « Le bruit était prématuré, dit M. de Vorges, c'est un projet de l'amiral Seymour. Aboukir gêne Ramleh dont il est proche et où se trouve un camp de deux mille anglais. »

Il y avait quelque chose de plus grave encore que ces renseignements et qui prouvait d'une façon très nette les projets du gouvernement anglais. Le ministère Gladstone avait saisi la Chambre des communes d'une demande de crédits s'élevant à 2,300,000 livres pour faire des préparatifs militaires qui le missent à même d'intervenir en Égypte. « Après un débat qui a duré quatre jours, écrivait le 31 juillet notre chargé d'affaires à Londres, les crédits ont été votés par 275 voix contre 19. Les quelques membres qui se sont refusés à soutenir le gouvernement appartiennent exclusivement à la fraction des « home rulers » et à celle des radicaux les plus avancés. Le parti conservateur s'est déclaré prêt à appuyer la demande du cabinet pour ne pas être accusé de laisser péricliter des intérêts de premier ordre. Mais par l'organe de son chef il a sévèrement blâmé les hésitations de la politique de M. Gladstone. »

Alors que les représentants de l'Angleterre donnaient aux ministres la presque unanimité pour intervenir en Égypte, la Chambre des députés française, renversait M. de Freycinet qui demandait un crédit pour couvrir les frais d'occupation du canal de Suez. On ne peut s'empêcher de regretter une différence de conduite aussi complète, mais il faut se souvenir aussi des circonstances qui servent à l'expliquer. Tandis que M. Gladstone proposait aux communes une action destinée à protéger franchement ce qu'il jugeait les intérêts britanniques, M. de Freycinet offrait l'adoption d'une demi-mesure qui n'était pas une solution. Vouloir limiter au canal de Suez les opérations françaises était trop ou trop peu ; c'est ce qui lui fut objecté par tous ceux qui condamnaient son attitude. On s'exposait aux mêmes difficultés sans avoir les mêmes avantages. Il est fâcheux pour la Chambre de s'être donné l'apparence d'une inspiration peu patriotique, mais on ne saurait oublier que si l'influence française a périclité en Égypte, ce n'est pas le 29 juillet qui en est la cause, c'est le 5 juillet, jour où le cabinet présidé par M. de Freycinet refusa de s'associer avec l'Angleterre pour une intervention commune.

IV.

Le cabinet de Londres, dans ses déclarations au Parlement anglais, avait annoncé qu'il était prêt à accepter tous les concours, de quelque part qu'ils vinssent, pour intervenir en Égypte. Il n'avait pas dissimulé davantage que « si la coopération de toutes les puissances lui faisait défaut, il ne reculerait pas devant une action isolée ». Il n'avait, proclamait-il bien haut, aucune visée ambitieuse. Il envoyait des troupes en Égypte pour y rétablir l'ordre, pour rendre au khédive le pouvoir qu'il avait perdu, pour donner dans de certaines limites satisfaction aux aspirations du parti national, mais *il avait l'intention formelle de soumettre au concert européen le règlement définitif de la question égyptienne.*

Dans cette même dépêche du 31 juillet 1882, le comte d'Aunay jetait sur la situation un jour particulièrement lumineux. « Un pareil langage, disait-il, n'a rien de surprenant de la part de lord Granville et de M. Gladstone. Mais il y a au sein du Cabinet un élément jeune, actif, ambitieux même qui est parvenu à constituer la majorité dans le Conseil et à faire triompher ses vues jusqu'à présent. Or, le parti de l'action ne se bornerait pas à désirer le rétablissement de l'ordre en Égypte mais voudrait y instituer le protectorat anglais. M. Goschen qui a plus d'une attache avec cette fraction du Cabinet a également laissé entendre que tel était le but auquel on devait viser. » Puis, avec une perspicacité à laquelle il serait injuste de ne pas rendre hommage en passant, notre chargé d'affaires terminait son télégramme par cet avertissement qu'allait justifier trop vite le cabinet anglais : « *En présence de ces influences qui semblent prépondérantes pour le moment, il est peut-être permis de douter que M. Gladstone et lord Granville puissent poursuivre jusqu'au bout la politique de désintéressement dont ils se sont faits les interprètes devant le pays.* » Il eût été difficile de mieux dessiner en quelques traits la conduite à venir de l'Angleterre dans la question d'Égypte.

On eut le mérite à Londres, une fois la décision prise d'intervenir, de mener rapidement les choses et sans se laisser arrêter par les divers obstacles que l'on pourrait rencontrer sur sa route. Lord Hartington saisit la Chambre des communes d'une proposition tendant à imputer au trésor des Indes les frais de l'expédition des forces indiennes en Égypte. Cette proposition fut votée, après une assez longue discussion, par 140 voix contre 23. Le corps expéditionnaire qu'il s'agissait de faire venir des Indes devait se composer de 5,000 hommes de troupes actives et de 1,500 de réserve.

La Turquie avait, de son côté, donné l'ordre à onze bâtiments de se tenir prêts pour embarquer. Mais, comme le faisait remarquer notre ambassadeur, le ministre des affaires étrangères procédait avec une lenteur calculée et les intentions de la Porte demeuraient toujours ambiguës. « Si les Turcs allaient en Égypte, disait-il le 1ᵉʳ août 1882, il ne serait jamais facile de savoir ce qu'ils y vont faire. »

C'était, à coup sûr, l'opinion du cabinet de Londres. Aussi, lorsque deux jours de suite, Musurus Pacha vint prier, au nom du sultan, le gouvernement anglais de retirer ses troupes de l'Égypte et de cesser les préparatifs militaires, lord Granville répondit que « l'Angleterre ne pouvait pas accueillir une pareille demande. Il ajouta qu'elle était prête néanmoins à accepter la coopération de la Turquie et à signer avec elle une convention militaire. » Mais le Foreign-Office tenait, avant tout, à ce que le caractère de l'intervention ottomane fût « défini et dégagé de toute ambiguïté par des déclarations préalables du sultan ». Cette opinion paraissait si positive que le 5 août M. de Noailles écrivait au quai d'Orsay en l'informant des résistances qu'Abdul Hamid semblait vouloir opposer aux prétentions de la Grande-Bretagne. « Je crois que lord Dufferin insistera et laissera entendre que la flotte anglaise ne permettra pas le débarquement des troupes turques avant de savoir positivement quel rôle elles sont destinées à jouer. »

Le 7 août, alors que le ministère anglais avait déjà pris toutes ses mesures, la Porte chez qui une sage lenteur est de tradition acceptait officiellement l'invitation qui lui avait été adressée par la note identique du 15 juillet d'intervenir militairement en Égypte. Il ne lui avait pas fallu moins de trois semaines pour réfléchir. Elle sembla, au premier abord, plus prompte pour accorder à l'Angleterre la satisfaction relative à l'ancien ministre de la guerre égyptien. Le 9 août, Saïd Pacha communiquait à l'ambassadeur anglais un projet de proclamation contre Arabi. Lord Dufferin s'en montrait pleinement satisfait et à juste titre puisque le sultan déclarait franchement rebelle Arabi Pacha tandis qu'il considérait l'Angleterre comme « amie et alliée » de la Turquie.

Cette amie et alliée se montrait toutefois assez exigeante et si elle acceptait le concours des troupes ottomanes elle entendait conserver sur elles la supériorité numérique. Elle n'admettait pas que le corps expéditionnaire turc dépassât cinq ou six mille hommes au maximum. Elle ne voulait pas non plus permettre aux forces du sultan d'entrer en Égypte par terre en prenant la route de Syrie. C'est que lord Granville comptait bien maintenant poursuivre jusqu'au bout la tâche qu'il s'était tracée et s'il consentait à trouver un auxiliaire de sa politique dans Abdul Hamid il tenait à reléguer l'action du suzerain au second plan pour réserver à la Grande-

Bretagne les avantages de l'intervention. Le chef du cabinet anglais s'efforçait, de son côté, de bien établir qu'on allait seulement restaurer l'autorité de Tewfik Pacha. Il s'attachait à démontrer que l'on ne combattait pas les aspirations égyptiennes et ne voulait pas voir en Arabi le vrai chef du parti national mais seulement un rebelle, tandis que les personnages les plus importants du pays tels que Riaz, Chérif et Sultan Pacha étaient les partisans du khédive.

Le 12 août 1882, M. Gladstone renouvelait d'ailleurs devant la Chambre des communes l'assurance que l'Angleterre n'avait pas le projet d'occuper indéfiniment l'Égypte. « *S'il y a une chose que nous ne ferons pas*, disait-il avec beaucoup d'énergie, *c'est bien celle-là*. Ce serait en désaccord absolu avec les principes professés par le gouvernement de Sa Majesté, avec les promesses qu'il a faites à l'Europe et, ajouterai-je, avec la manière de voir de l'Europe elle-même. » A cette affirmation bien catégorique il ajoutait malheureusement un commentaire qui causait un certain émoi aux esprits clairvoyants.

« Si je ne m'explique pas plus complètement sur la solution finale de la question égyptienne *ce n'est pas que je désapprouve l'honorable préopinant (sir H. Wolf) lorsqu'il est d'avis qu'après tout ce qui s'est passé le rétablissement du statu quo ne peut plus être considéré comme le but vers lequel nous tendons.* Je suis d'accord avec lui sur ce point et *j'admets qu'un champ plus large nous soit ouvert ;* mais il ne serait pas opportun de faire, dans l'état actuel de la question, des déclarations au sujet des résultats que, conformément à nos engagements formels, nous voulons obtenir avec l'intervention et l'appui de l'Europe et que la volonté d'une seule puissance ne saurait atteindre. »

Il est admis en général que donner et retenir ne vaut. C'était une règle toute contraire que préconisait ce jour-là le chef du cabinet britannique.

V.

Peut-être cherchait-il à ne pas inquiéter

déjà le nouveau gouvernement français et à ne pas décourager ses premiers efforts. C'était une tâche assez délicate, en effet, que devait entreprendre notre ministre des affaires étrangères. Le précédent cabinet avait été renversé en apparence pour vouloir protéger le canal de Suez. M. Duclerc était un peu obligé de tenir compte de cette indication. D'autre part, il voulait que son premier acte ne pût pas être interprété comme le prélude d'une politique d'abdication qui, disait-il fièrement, « n'est ni dans son programme ni dans ses vues ».

Afin de concilier ces nuances, M. Duclerc donna comme instructions au marquis de Noailles d'adhérer à la proposition du comte Corti relative à la protection du canal s'il y avait unanimité de la part des puissances. Il déclarait cet assentiment « inspiré surtout par le désir de ne pas se séparer du concert européen.» L'ambassadeur de France devait toutefois « réserver la liberté d'appréciation de notre gouvernement quant à l'exécution des mesures auxquelles il pouvait être appelé à prendre part ». C'est ce qu'il fit le 14 août 1882.

Les représentants des divers pays crurent alors que le moment était venu de suspendre les travaux de la Conférence. Les plénipotentiaires ottomans furent les seuls à ne pas partager ces vues. Après avoir si longtemps refusé le concours de l'Europe, ils semblaient ne plus vouloir s'en passer. Aussi bien un tête-à-tête avec l'Angleterre avait-il de quoi les effrayer en présence des *quatre points exigés* par le cabinet de Londres. Lord Granville imposait, en effet, à la coopération turque les conditions suivantes : 1° maximum des troupes fixé à cinq ou six mille hommes ; 2° débarquement sur un point autre qu'Alexandrie ; 3° toute opération militaire à soumettre à l'approbation des généraux anglais ; 4° engagement de rappeler toute force ottomane quand les Anglais quitteraient l'Égypte. On comprend qu'Abdul Hamid hésitât devant ces prétentions, ce qui faisait dire au marquis de Noailles : « L'envoi réel des contingents ottomans n'est pas certain. »

Tewfik Pacha se montrait plus docile que son suzerain. Il se formait dès lors à la vie de sacrifices que devaient lui créer la Grande-

Bretagne et ses agents. Le 16 août 1882 il signait un acte qui autorisait les Anglais à opérer militairement dans l'isthme de Suez. Le même jour, il est vrai, M. Gladstone affirmait à nouveau devant la Chambre des communes que l'Angleterre n'avait aucune visée ambitieuse en Égypte. « Nous ne nous sommes jamais occupés, disait-il, et nous ne nous occuperons jamais de l'Égypte qu'avec le désir de favoriser dans ce pays le développement d'institutions qui lui donneraient, en tenant compte des divers droits existants, internationaux et autres, tous les avantages d'un self government local[1]. » En attendant et pour y arriver sans doute, lord Granville faisait donner la présidence du Conseil égyptien à Chérif Pacha. Port Saïd et Ismaïlia étaient occupés et les troupes anglaises parties d'Alexandrie arrivaient dans le canal dont le transit était prohibé le 20 août.

Abdul Hamid ne paraissait pas le moins du monde convaincu des avantages de l'intervention britannique. Saïd Pacha avait fini

____

1. Livre jaune, 1882-1883, p. 31.

par adhérer aux propositions anglaises sauf à en référer au sultan. Celui-ci n'accepta pas. Il fit répondre qu' « il voulait être laissé libre du nombre de ses troupes à débarquer à Alexandrie au lieu d'Aboukir » comme l'exigeait le cabinet de Londres. Il désirait en outre que les opérations militaires pussent être suspendues sur la demande des commandants turcs. Saïd Pacha sollicita une entrevue de l'ambassadeur d'Angleterre pour discuter ces conditions nouvelles. Lord Dufferin s'y refusa en alléguant que « ses instructions ne l'autorisaient pas à les admettre ». Une autre difficulté s'élevait à la même heure. Le gouvernement ottoman s'opposait à l'exportation des chevaux et mulets achetés pour le compte de l'Angleterre. « L'interdiction qui existait a été cependant levée il y a six mois, disait le marquis de Noailles. La situation est donc assez tendue et il m'a semblé que le ministère anglais était décidé à exercer une nouvelle pression. »

Lord Granville tenait du moins encore à ménager la France et, le 22 août, M. de Lesseps, d'accord avec l'amiral Seymour, reprénait la direction du canal dont la circulation redevenait libre. Toutefois le gouvernement anglais achetait à ce moment un hôtel à Port Saïd et, comme l'écrivait M. de Vorges à M. Duclerc, « cette acquisition semble indiquer de la part de l'Angleterre l'intention de conserver au bord du canal un établissement qui lui appartienne en propre ».

Le cabinet de Londres ne bornait pas d'ailleurs son action à ce point du territoire égyptien. Le 23 août, les forces britanniques s'étaient emparées d'El Magfar sur le canal d'eau douce. Le 25, elles trouvaient la position de Tel-el-Mahuta abandonnée et, poussant devant elles l'armée égyptienne en retraite, s'emparaient d'un camp où elles saisissaient cinq pièces d'artillerie, un grand nombre de fusils et de munitions et 75 wagons de provisions. Le 28 enfin elles commençaient leur marche en avant du côté d'Ismaïlia. Le cours des événements se hâtait.

Le 6 septembre, Abdul Hamid se décidait enfin à faire publier par les journaux la proclamation impériale déclarant Arabi Pacha rebelle. Ce document était tout à fait en faveur de l'Angleterre qui, à cette heure, n'en prenait plus qu'un très médiocre souci. Il ratifiait pourtant tout le passé et justifiait, avec le bombardement d'Alexandrie, l'intervention militaire des Anglais en Égypte. Il se prononçait en outre énergiquement en faveur de Tewfik Pacha. Quant à la convention militaire qu'on avait été si souvent au moment de conclure, de nouvelles explications sur un point étaient jugées nécessaires. On paraphait de part et d'autre *ad referendum*. Démarches et peines perdues puisque ces laborieux pourparlers allaient devenir inutiles.

VI.

Le 13 septembre 1882, Tel-el-Kébir était pris à cinq heures du matin en vingt minutes. L'armée anglaise s'emparait de 40 canons et faisait de nombreux prisonniers parmi lesquels un des chefs du parti militaire, le colonel Ali Pacha Fehmi. Arabi était en pleine déroute et cette victoire ne coûtait aux Anglais que 200 tués et de nombreux blessés.

Dès que la nouvelle de ce succès parvint au quai d'Orsay, M. Duclerc s'empressa de donner ses instructions à l'ambassadeur de France en Turquie. « Comme après le bombardement d'Alexandrie, lui disait-il, une exaspération de fanatisme paraît à redouter. Signalez le danger au gouvernement ottoman et obtenez de lui qu'il accentue les ordres déjà donnés pour la protection des chrétiens. » Le marquis de Noailles fit instamment prier la Porte de prendre les mesures nécessaires, puis il adressa à tous nos consuls une circulaire pour leur faire savoir que la défaite d'Arabi était complète et irrémédiable. C'était, à son avis, le meilleur argument pour calmer les esprits.

A Londres, notre ambassadeur, aussitôt après avoir appris le triomphe des forces britanniques, félicita le cabinet sur l'heureux sort de ses armes. Lord Granville parut fort sensible à ces félicitations et les accepta d'autant plus volontiers qu'il déclara bien haut qu'à ses yeux la victoire de Tel-el-Kébir était une victoire européenne. « Un échec de notre armée, ajouta-t-il, aurait été un

désastre pour toutes les nations qui ont à compter avec le fanatisme musulman. »
« J'ai trop longtemps vécu en Afrique et en Orient, disait M. Tissot en communiquant cette information au ministre, pour ne pas juger les choses au même point de vue. »

Il y avait, à coup sûr, une grande part de vérité dans l'opinion exprimée par lord Granville. Mais s'il éprouvait une satisfaction aussi complète, le triomphe de l'Europe n'y entrait que pour une faible partie. Assuré par d'autres mains que les siennes, il lui eût semblé bien moins considérable. Ce qui le rendait à juste titre fier du succès qu'il avait remporté c'étaient les conditions de la victoire. L'Angleterre s'était imposée à l'Europe et, sans recevoir d'elle un mandat qui l'aurait probablement enchaînée, elle semblait avoir agi en son nom. L'Égypte était arrosée du sang britannique. Il y en avait eu bien peu de versé ; ce peu devait néanmoins suffire à féconder les prétentions du cabinet de Londres qui a su tirer des agitateurs égyptiens le plus merveilleux parti.

Après la dispersion des troupes égyptiennes, les Anglais avaient occupé Zagazig puis ils s'étaient dirigés vers le Caire. Le 14 septembre, un télégramme d'Ismaïlia annonçait la reddition de cette ville où les Anglais devaient entrer le soir même. Le 15 septembre 1882, l'ancien ministre de la guerre se rendait au général Wolseley. Le Caire était occupé, Arabi prisonnier ; l'Angleterre n'avait plus rien à désirer.

CHAPITRE VIII.

LA SUPPRESSION DU CONTROLE.

I.

Après la défaite d'Arabi, lord Granville sut avoir vis-à-vis du gouvernement français le triomphe modeste. Il exprima, en termes amicaux, l'espoir que « malgré les derniers incidents qui avaient suspendu l'action commune de la France et de l'Angleterre, l'entente entre les deux pays subsisterait ». Cette fois encore il n'aurait tenu qu'à lui de voir se réaliser le souhait qu'il formulait si bien.

Restait à régler la situation de la Grande-Bretagne envers le sultan. Lord Dufferin fit savoir à la Porte, le 16 septembre 1882, que, l'armée d'Arabi étant dispersée, la coopéra-

tion de la Turquie avait cessé d'être nécessaire. Cette communication était accompagnée d'assurances amicales et portait que
« le gouvernement de la Reine se disposait
déjà à rappeler une partie de ses troupes ».
La Porte s'empressa de prendre l'Angleterre
au mot et, répondant le 25 septembre à la
note du 16, le ministre d'Abdul Hamid exprimait sa reconnaissance pour les protestations
d'amitié de la Grande-Bretagne. Il se féli-
citait que le cabinet de Londres ait pu mener
à bonne fin la tâche qu'il avait entreprise en
Égypte pour y rétablir l'ordre et en même
temps « le respect du traité de 1841 et des
firmans qui consacrent les droits de l'empire
ottoman ». Mais les bonnes paroles ne suf-
fisant pas, Saïd Pacha terminait sa note en
priant l'ambassadeur d'Angleterre de « *vouloir bien lui faire savoir à quelle époque devra
s'effectuer l'évacuation des troupes anglaises
dont lord Dufferin lui avait annoncé en partie
le renvoi* ». C'était une première invitation
dont il est bon de ne pas oublier la date.

Après la reddition d'Arabi le khédive ne
tarda pas à rentrer au Caire. Il trouva sa

capitale intacte grâce à la marche, plus rapide cette fois, de l'armée anglaise qui n'avait pas laissé aux partisans d'Arabi le temps de renouveler les désastres d'Alexandrie. De grandes réjouissances préparées par les soins de l'Angleterre accueillirent son retour. Il y eut des illuminations et des feux d'artifices. Toutefois, comme l'écrivait notre nouvel agent, M. Raindre, l'épisode le plus caractéristique de ces fêtes fut la revue des forces britanniques passée par le général Volseley. Pendant deux heures on vit défiler sur la place d'Abdin les troupes « libératrices », quinze mille hommes des régiments anglais, écossais et indiens. Le khédive y assistait dans une tribune et son âme devait être en proie à de singulières émotions. Il pouvait se demander, à la vue de ces auxiliaires venus à lui sans qu'il les eût appelés, si sa tranquillité actuelle était bien préférable, avec la sujétion qu'elle entraînait, à son indépendance d'autrefois. Il lui était impossible, en effet, de ne pas se dire que le triomphe auquel il assistait ce jour-là était celui de l'Angleterre et non pas le sien pro-

pro. Son rival abattu, sa liberté n'en devenait pas moins précaire et, comme pour le manifester aux yeux de tous, s'il avait à sa droite pendant la cérémonie militaire son président du Conseil, sa gauche était occupée par l'amiral Seymour dont l'escadre avait posé les premiers jalons du nouvel état de choses. Le corps diplomatique et consulaire prit rang ensuite sous la conduite de son doyen l'agent d'Italie. La population indigène, pour qui cependant la fête se donnait officiellement, n'était pas tenue à garder vis-à-vis de ces récents alliés des ménagements aussi complets que son souverain. Aussi se montra-t-elle fort sobre d'acclamations et de démonstrations amicales.

Si quelque chose avait pu faire oublier pour un moment sa situation présente au khédive ç'aurait-été la façon dont se présenta devant lui le nouvel agent que la France venait d'envoyer en Égypte. « J'ai dit à Tewfik Pacha, écrivait M. Raindre le 30 septembre 1882, qu'en me désignant pour représenter provisoirement auprès de lui le gouvernement de la République, Votre Excellence avait été notamment guidée dans son choix parce qu'elle savait de la respectueuse sympathie que j'avais ouvertement exprimée chaque fois que la personne du vice-roi ou ses intérêts se trouvaient en question. » Tewfik Pacha se montra visiblement satisfait de cette déclaration. C'est qu'en effet depuis longtemps, ainsi que le faisait remarquer M. Raindre, les agents français n'avaient pas eu l'occasion de lui porter, sans restriction ou sans arrière-pensée, des paroles amicales et dès lors une pareille démarche ne pouvait que lui être plus sensible.

Ses ministres d'ailleurs le rassuraient aussi en se montrant assez optimistes sur la situation financière en dépit des dommages indirects entraînés par les événements qui avaient interrompu les progrès matériels résultant du consortium anglo-français et malgré les ruines directes qu'avaient pu causer les récentes hostilités.

II.

La Grande-Bretagne avait eu quelque

hésitation à révéler ses plans aussitôt après sa victoire ; elle ne devait pas tarder à changer de tactique.

M. Malet déclara incidemment au Caire, dans les premiers jours d'octobre 1882, que M. Colvin était en route pour l'Égypte, mais qu'à son retour il ne reprendrait provisoirement pas ses fonctions comme contrôleur général. Peu après paraissait une dépêche de l'agence Reuter conçue dans le même sens. M. Raindre s'en autorisa pour aller demander le 9 octobre à M. Malet « s'il avait quelque information personnelle confirmant ou contredisant ce télégramme ». Le ministre d'Angleterre répondit qu'il avait en effet reçu de lord Granville l'indication même que rapportait l'agence Reuter, mais qu'elle n'était accompagnée d'aucun commentaire.

Il profita de l'occasion qui lui était offerte pour communiquer certaines impressions qui résultaient de sa correspondance avec le Foreign-Office. Depuis quelque temps déjà, dit-il à M. Raindre lord Granville jugerait que le consortium anglo-français sous la forme du contrôle créerait au gouvernement de la Reine l'obligation d'intervenir plus intimement qu'il ne lui conviendrait dans les affaires intérieures de l'Égypte. On aurait donc peut être pensé à Londres que le maintien du système engagerait trop la responsabilité de l'Angleterre dans le détail des choses égyptiennes. On aurait pu être conduit à rechercher un instrument moins compromettant.

Ces scrupules que l'on exposait ainsi pour sonder le terrain s'éveillaient bien à propos dans l'âme du ministre anglais. On était justifié à les trouver au moins étranges, pour ne pas employer d'expression plus sévère, car ils se conciliaient mal avec la conduite de lord Granville. En effet, une partie du corps expéditionnaire anglais avait déjà quitté l'Égypte, mais lord Dufferin venait pour la première fois de déclarer à la Porte que « l'évacuation ne serait complète que lorsque les forces militaires y auraient été réorganisées et quand le khédive serait en mesure de déclarer l'ordre entièrement rétabli ». On s'empressait, il est vrai, de donner un prétexte de cette attitude nouvelle : « *Le licenciement de l'armée égyptienne imposait au gouvernement de Sa Majesté britannique le devoir et l'obligation de prolonger l'occupation par ses troupes* ».

Il y avait là de quoi étonner l'âme droite du ministre qui dirigeait alors le quai d'Orsay. Aussi M. Duclerc s'empressa-t-il de s'élever contre cette politique peu loyale. Il déclara, le 11 octobre 1882, à M. Plunkett qui gérait l'ambassade en l'absence de lord Lyons, que si l'Angleterre croyait avoir de bonnes raisons pour désirer la suppression du contrôle, elle n'avait qu'à lui en faire part, qu'il ne refuserait pas d'examiner ses propositions et d'entrer en discussion avec elle à ce sujet. « Mais, ajouta-t-il, si les instructions de M. Colvin sont conformes à ce que sir Ed. Malet en a dit à M. Raindre, ce serait un procédé dont nous aurions le droit de nous montrer surpris et qui répondrait mal au bon vouloir que nous témoignons au gouvernement de la Reine ». Puis afin de ne laisser aucun doute planer sur ses intentions, il termina par ces réserves très nettes :

« *Nous ne saurions admettre en effet que l'Angleterre supprime ainsi par une voie détournée, par une sorte de simple prétérition et sans notre avis, une institution qui fonctionne régulièrement par suite d'accords intervenus entre les deux pays.* »

Ces observations faites sur un ton amical mais ferme ne devaient malheureusement pas avoir une grande influence. Il ne faut pas moins tenir compte à M. Duclerc de les avoir aussi bien formulées et d'avoir inauguré, par cette démarche digne à la fois et énergique, la série des négociations dans lesquelles il allait sauver sinon les intérêts du moins l'honneur de la France.

III.

Une note anglaise remise au quai d'Orsay, le 14 octobre 1882, disait que le retour de sir Colvin en Égypte se produisait « sur le désir fortement exprimé du gouvernement égyptien » et que le cabinet de Londres n'avait aucun motif pour l'empêcher. Seulement il jugeait convenable de lui conseiller de ne pas reprendre immédiatement ses fonctions parce que « *les récents événements ont fait naître des doutes sur l'opportunité de maintenir le contrôle tel qu'il avait été provisoirement institué le 15 novembre 1879* ».

Peu de jours après, dans un entretien avec notre ambassadeur[1], lord Granville donnait encore plus de force à sa pensée. Il ne cachait pas à M. Tissot que, « *de l'avis unanime des membres du cabinet, le contrôle devait être modifié* ». Sans doute, il n'en proposait pas encore brusquement la suppression. Il pensait que les deux gouvernements devaient s'entendre pour charger MM. Brédif et Colvin de certaines missions communes qui pourraient être ultérieurement définies de façon que, le jour où le contrôle disparaîtrait ou serait tout au moins modifié, le fait n'eût pas l'air de s'être accompli contre la volonté d'une des deux puissances.

A la même heure, le comte Kalnocky faisait à Vienne le procès de cette institution

1. M. Tissot à M. Duclerc, 18 octobre 1882. Livre jaune, 1882, p. 62.

qui, disait-il, avait toujours laissé beaucoup à désirer. Un passé récent, continuait cet auxiliaire inattendu de la politique anglaise, en a démontré les inconvénients et on ne peut s'étonner que l'Angleterre veuille y introduire des réformes. Sans doute, le gouvernement autrichien n'était pas directement intéressé dans cette question, mais « s'il était consulté il n'aurait aucun motif de mettre obstacle aux innovations que le cabinet de Londres pourrait juger opportun de présenter ». Symptôme peu rassurant pour le quai d'Orsay en dépit de l'espoir que manifestait ensuite le ministre de voir un accord amical des puissances résoudre les difficultés égyptiennes.

La Turquie paraissait également désireuse d'un accord sur ce point, mais elle tenait surtout à ne pas laisser oublier ses droits suzerains. Dans une note à l'Angleterre elle proposait, le 19 octobre 1882, d'ouvrir des négociations « dans lesquelles serait traitée la question de l'évacuation des troupes anglaises ».

L'espérance de voir leur départ se produire

était encore prématurée. Pour le moment c'était sur le terrain du contrôle que portait toute la discussion. M. Brédif avait regagné son poste à l'expiration de son congé avec l'ordre verbal de M. Duclerc, en l'absence de toute proposition de l'Angleterre, de s'occuper de tout ce qui concernait ses fonctions. Il devait assister au Conseil des ministres s'il y était convoqué dans les formes habituelles sinon en référer au quai d'Orsay. En un mot, le ministre avait tenu à ce qu'il n'y eût pas la moindre apparence d'une abdication française. Il ne demandait pas mieux d'ailleur, que de s'entendre avec le cabinet de Londres pour compléter ces instructions.

Lord Granville ne devait pas le laisser longtemps dans l'incertitude. Il profita du retour de lord Lyons à Paris et aborda le 23 octobre les problèmes qui intéressaient les deux gouvernements. Le ministère britannique ne pouvait pas nier l'évidence. Il commençait donc par reconnaître que le système établi par l'accord anglo-français avait bien fonctionné en vue de la prospérité matérielle de l'Égypte et que les contrôleurs anglais et français avaient habilement et consciencieusement travaillé à ce but. Cela posé, au lieu de conclure, comme il semblait logique, au maintien d'une institution qui avait donné d'aussi bons résultats, le chef du Foreign-Office disait : « Mais des événements récents ont démontré que le système en question n'est point exempt de défauts et de dangers sérieux. Le gouvernement de Sa Majesté croit donc qu'il serait préférable de renoncer tout à fait au contrôle. »

Il proposait à la place la nomination par Tewfik Pacha d'un unique conseiller financier européen qui assisterait aux réunions du cabinet sur l'invitation du khédive mais non pas à titre de ministre des finances. Il exercerait suivant la manière indiquée par le vice-roi les pouvoirs d'enquête et de conseil en ce qui concerne les questions financières sans être autorisé à intervenir directement dans l'administration du pays. Ce projet, affirmait lord Granville, ne porte pas atteinte à la loi de liquidation et se recommande au gouvernement de Sa Majesté par son extrême simplicité. Il lui paraissait même si admirable qu'il offrait de faire établir ce nouvel arrangement pour une durée de dix ans avec cette réserve qu'au bout de cinq ans il pourrait être rapporté ou modifié si les circonstances le permettaient. Le ministre anglais déclarait d'ailleurs que son pays avait le désir sincère de ménager les intérêts et la dignité de la France.

On ne s'en serait pas douté à sa proposition. Comme le faisait remarquer M. Tissot, le cabinet de Londres nous conviait à un sacrifice dont il avait eu soin de s'indemniser lui-même sans nous offrir la moindre compensation. Lord Granville se rendait compte de cette difficulté et demandait à notre ambassadeur quel était le dédommagement auquel nous pourrions bien songer. M. Tissot n'avait pas encore qualité pour en causer avec lui. Il se borna à faire allusion, à titre purement privé, à une combinaison « qui avait été dans l'air » quelque temps avant et aux termes de laquelle un des ministères égyptiens nous aurait été attribué. Mais le chef du Foreign-Office répondit que cette idée ne lui semblait pas conciliable avec le principe dont le gouvernement anglais entendait s'inspirer dans la réorganisation de l'Égypte, c'est-à-dire avec « l'élimination de l'élément européen et le développement de l'élément indigène » et la conversation en resta là.

Elle avait quelque peine à être aussi cordiale que jadis car la situation des deux pays s'était singulièrement modifiée. Au lieu de rechercher comme autrefois les conditions d'un accord possible, la France devait borner son rôle à attendre les communications que lui ferait l'Angleterre et celle-ci hésitait à prendre la parole trouvant plus facile de révéler ses intentions nouvelles par des déclarations à la Chambre des communes. C'est ainsi que M. Gladstone reconnut à la tribune que la question d'Égypte s'était modifiée. « *Sa solution*, répondit-il à une interrogation de sir Northcote, *dépend davantage de nous que par le passé et le gouvernement de la reine n'est pas lié au même degré qu'il l'était il y a quelques mois.* »

Il importe de retenir cette date du 24 octobre 1882. Pour la première fois l'évolution lente mais continue que les événements et l'action de son entourage avaient fait subir à la pensée de M. Gladstone se traduisait aussi librement et pouvait ébranler la confiance inspirée jusqu'alors par le chef du cabinet britannique.

IV.

A vrai dire l'Angleterre avait en face d'elle un adversaire bien résolu à lui disputer pied à pied le terrain sur la question des droits de la France. Lorsque le 28 octobre l'ambassadeur anglais vint chercher la réponse à la note du 23, M. Duclerc lui signala l'inconséquence qu'il y avait à célébrer les mérites passés du contrôle et à n'en vouloir pas moins l'abolir pour les défauts qu'on lui trouvait et que l'on se gardait bien d'indiquer. « Mais voulez-vous réellement abolir le contrôle ? continua le ministre. Nullement. Vous dites : « Comme remplacement du contrôle, le khédive nommerait un seul conseiller européen ». Européen, c'est-à-dire anglais, n'est-ce pas ? Eh bien, *pour appeler les choses par leur nom, ce que vous proposez ce n'est pas l'abolition du contrôle, c'est l'abolition du contrôleur français. Je ne vous surprendrai certainement pas en vous disant qu'il ne m'est pas permis d'accepter cela.* »

Ce n'est pas long, dit simplement lord Lyons en présence de cette déclaration catégorique ; je vais télégraphier votre réponse à mon gouvernement.

« Vous pouvez ajouter, reprit à son tour M. Duclerc, que votre gouvernement a devant lui trois alternatives : réorganiser l'Égypte à lui seul ou avec l'Europe ou avec nous. Lord Granville a dit à M. Tissot que le désir de l'Angleterre était de s'entendre avec nous et que c'était aussi son intérêt. J'espère qu'il reviendra à cette conviction. »

« Pour mon compte, déclarait le ministre en transmettant cette importante conversation à notre ambassadeur à Londres, je suis bien tranquillement décidé à n'accepter que l'acceptable et je suis sûr que c'est là aussi votre sentiment. *Ayant fait loyalement ce qui était en mon pouvoir pour maintenir l'entente amicale, si les Anglais n'en veulent plus, je me résigne[1].* »

Quelle que dût être la fin de cette controverse, M. Duclerc n'en trouvait pas moins à juste titre que, le contrôle existant toujours en principe, les contrôleurs avaient des devoirs qu'ils ne pouvaient pas délaisser. Il avait donc donné l'ordre à M. Brédif, aussitôt qu'un conseil aurait été réuni sans qu'on l'y eût appelé, d'écrire à Chérif Pacha pour réclamer contre cet oubli et d'insister pour qu'il ne se renouvelât pas. L'occasion de s'expliquer ne se fit pas attendre.

Le contrôleur général français reçut le 28 octobre l'ordre du jour du Conseil des ministres. Cet envoi servait autrefois de convocation. M. Brédif déclara dès lors au ministre des affaires étrangères qu'il se considérait comme convoqué. Mais un secrétaire vint lui annoncer que « l'ordre du jour lui avait été envoyé à titre d'information et non de convocation ». M. Raindre demanda à Chérif Pacha s'il résultait de cette démarche que le

1. M. Duclerc à M. Tissot, 28 octobre 1882. Livre jaune, 1882, p. 72 et 73.

contrôleur français ne serait plus appelé au Conseil. Il lui fut répondu « que le gouvernement égyptien était officiellement avisé que M. Colvin n'assisterait plus aux réunions, que le contrôle étant anglo-français ne pouvait exister du moment que l'un des contrôleurs s'en retirait, que, par suite, le gouvernement égyptien ne pouvait convoquer le contrôleur français[1] ».

M. Duclerc s'empressa de relever cette atteinte portée aux conventions existantes par l'Égypte qui s'autorisait, pour agir ainsi, de la conduite de l'Angleterre. Il fit remarquer au cabinet de Londres que comme le khédive, comme nous, au même titre que nous, la Grande-Bretagne était engagée vis-à-vis des créanciers de l'Égypte et qu'elle ne pouvait dégager sa responsabilité par la simple signification d'un acte de volonté personnelle. « *Il voulait donc espérer encore que lié comme il l'était par les contrats, par le protocole de désintéressement, par les déclarations réitérées de ses ministres et de ses agents diplomatiques,*

---

1. Consul général au Caire à M. Duclerc, 29 octobre 1882. Liv. jaune, p. 78.

le gouvernement anglais ne persisterait pas dans son attitude [1] ».

Ce rappel de la parole donnée et des engagements pris avec tant d'éclat ne devait pas manquer d'embarrasser les hommes d'État anglais. Ils n'avaient pas encore eu le temps d'oublier leurs promesses avec sérénité. Aussi la réponse de lord Granville fut-elle loin, suivant l'expression même de M. Tissot, d'être aussi nette que la question de l'ambassadeur. Au travers d'explications un peu confuses celui-ci crut pourtant deviner que « le ministère Gladstone ne voulait pas s'exposer aux attaques de l'opposition en nous admettant au partage des bénéfices d'une expédition coûteuse dont nous n'avions pas jugé à propos de partager les dangers et les charges ».

Lord Granville ajouta d'ailleurs, piqué par le reproche du ministre français, que l'Angleterre n'entendait pas supprimer le contrôle par un acte de simple volonté. Pour justifier la conduite de Chérif Pacha il déclara que le khédive, usant de son droit, avait

1. M. Duclerc à M. Tissot, 29 octobre 1882. Livre jaune, p. 76.

spontanément demandé au cabinet de Londres la résiliation, des arrangements de 1876 et 1879, « arrangements conclus à titre provisoire ». Le gouvernement égyptien avait eu l'intention, dit-il, de faire la même démarche auprès de nous et si le ministère anglais l'en avait détourné c'était précisément par égard pour la France. Il ne voulait pas que nous pussions le soupçonner d'avoir mis le khédive en avant, et il avait préféré traiter d'abord la question avec nous. Une pareille délicatesse, après les façons d'agir de l'Angleterre pendant ces derniers temps, parut un peu excessive à admettre à M. Duclerc qui, en attendant de nouvelles explications, jugea bon de maintenir et de renforcer même les instructions données à M. Brédif. « *Jusqu'à ce que le contrôle soit aboli ou modifié ou transformé par voie de consentement mutuel, personne,* écrivait-il le 1ᵉʳ novembre, *n'a le droit d'en interrompre l'exercice.* »

Ce droit que s'arrogeait la Grande-Bretagne n'était pas sans causer une certaine préoccupation à lord Granville. Comme le mandait M. Tissot, il avait une trop grande expérience des affaires pour se dissimuler la responsabilité qu'encourait le cabinet de Londres par son intervention exclusive dans l'administration de l'Égypte. Il n'en croyait pas moins devoir entrer chaque jour plus résolument dans cette voie où le poussait l'opinion publique. Celle-ci pourtant ne se méprenait pas non plus sur les difficultés de l'œuvre à entreprendre, mais elle pensait que les avantages à retirer compenseraient et au delà les peines que l'on se donnerait. Elle était d'avis de profiter du succès militaire qui avait rendu l'Angleterre maîtresse du pays, bien que les complications et les dangers ne fussent que provisoirement écartés. Peut-être se souciait-elle au fond médiocrement de Tewfik Pacha mais le sort de ce prince paraissait lié au sien. Maintenir son protégé c'était donc conserver sa propre influence en Égypte.

Mais, dès cette époque, notre ambassadeur à Londres pensait que le cabinet anglais n'y arriverait pas sans une occupation militaire indéfinie équivalant à une annexion. « Le parti qui est au pouvoir, disait M. Tissot le

1ᵉʳ novembre 1882, proteste et sincèrement, nous voulons bien le croire, contre cette résolution radicale. Elle ne s'en impose pas moins par la force des choses dans la pensée du parti conservateur et dans la conviction des hommes politiques de l'Angleterre qui sont le plus au courant des affaires égyptiennes. C'est l'opinion qu'émettait ces jours-ci M. Rivers Wilson. *L'annexion lui paraît chose fatale. Elle peut être ajournée par les whigs ; elle se fera par les mains de leurs adversaires le jour où ces derniers arriveront au pouvoir ».*

On aurait dit que le cabinet Gladstone voulait y préparer les esprits par la mission officielle et extraordinaire qu'il confia dans ce moment critique à l'un des diplomates les plus éminents de l'Angleterre, le marquis de Dufferin et Ava.

Ambassadeur à Constantinople, il fut chargé par lord Granville de prendre la direction des affaires en Égypte pendant l'absence de M. Malet à qui l'on donna un congé pour raisons de santé. Cette mesure exceptionnelle reçut l'assentiment de la presse de Londres tout entière. Les organes conservateurs approuvèrent eux-mêmes. D'après le Standard il fallait « se servir de cet instrument pour frapper hardiment ». Le *Daily Telegraph* affirma que « lord Granville ne pouvait pas faire une nomination plus propre à augmenter la confiance que sa récente politique en Égypte a déjà inspirée au public ». Aveu surprenant mais significatif d'une situation nouvelle.

Les journaux libéraux couvrirent d'éloges l'ambassadeur choisi pour une mission qui leur était si chère. « Toutes les fois, disait le *Daily News*, qu'il y a une tâche difficile à accomplir c'est à lui qu'on la confie. » La *Pall Mall Gazette* assura qu'il connaissait tous les fils de cet écheveau embrouillé qu'on appelle la question égyptienne. « Il est indispensable, ajouta-t-elle, que nous abandonnions notre timidité diplomatique pour prendre une vigoureuse initiative. *Lord Granville aurait tort de croire qu'il a devant lui un lion qui barre le passage et la position conquise par l'Angleterre doit lui donner assez d'autorité pour faire accepter à l'Europe le projet auquel il se sera arrêté.* »

La joie évidente avec laquelle était accueillie la mission de lord Dufferin ne montrait que trop (comme le constatait M. Tissot en transmettant les jugements de la presse) combien l'opinion publique en Angleterre était satisfaite de voir le cabinet Gladstone fermement décidé à tirer parti de son expédition en Égypte.

V.

Poussé de la sorte et soutenu par le pays tout entier, lord Granville se trouvait singulièrement plus fort dans ses pourparlers avec la France. Il en profita pour communiquer ses vues à M. Duclerc. « Le choix des contrôleurs généraux, disait-il dans une note transmise par lord Lyons, et leur maintien en fonctions dépendait de deux gouvernements étrangers ; pour ce qui concerne le nouveau fonctionnaire ces facultés dépendraient de l'action du khédive. — La présence des deux contrôleurs généraux aux conseils de cabinet était uniforme et de droit. Celle du nouveau fonctionnaire serait « *pro re nata* » et aurait lieu sur l'invitation du chef de l'État. Les arrangements relatifs au contrôle, bien que déclarés provisoires, ne désignaient aucune époque fixe pour leur révision. L'actuel pourrait être révisé à l'expiration de cinq ans et porterait, dès le début, la marque de son caractère provisoire. »

Pour la première fois le cabinet français se trouvait en présence de propositions claires et précises sur lesquelles on pouvait engager une discussion sérieuse. C'est ce que fit M. Duclerc, le 4 novembre 1882. Il commença par déclarer qu'il ne voyait aucun inconvénient à limiter à cinq années la durée d'une organisation nouvelle. Ce point admis il tint à éclaircir la question relative à la nomination des conseillers par le khédive. Il exprima l'espoir que l'Angleterre voulait une simple modification de forme et qu'il n'entrait pas dans la pensée du gouvernement anglais « de laisser le vice-roi libre de confier les fonctions de conseillers à des agents de son choix, fussent-ils égyptiens, en dehors de toute intervention même officieuse de tout gouvernement étranger. » Mais où M. Duclerc fit des réserves formelles, en émettant l'avis qu'une pareille mesure ne lui paraissait pas sans inconvénient, c'est sur la proposition d'enlever au nouvel agent le droit d'assister à toutes les séances du Conseil. « Cette innovation, dit-il, la seule qui fasse aux conseillers une situation différente de celle des contrôleurs généraux, permettrait aux ministres égyptiens, dont l'inexpérience en ces matières n'est pas à démontrer, de trancher sans aucun avis des questions administratives dont ils n'apercevraient pas les conséquences financières ». Le ministre français se montrait d'autant plus surpris de cette idée du cabinet de Londres inspirée, semblait-il, par le désir de ménager les succeptibilités du gouvernement égyptien, que celui-ci se composait d'hommes favorables jusqu'alors au maintien du contrôle.

Comme s'il voulait réfuter cette objection, Chérif Pacha remit le 7 novembre à notre consul général une note qui répondait trop bien aux préoccupations de lord Granville pour qu'on ne soit pas obligé de se demander

si elle n'a pas été suggérée par l'Angleterre.
Le ministre égyptien déclarait que le contrôle, ne relevant pas des différentes puissances signataires de la loi de liquidation, n'était pas partie intégrante des garanties concédées aux créanciers de l'État. Son existence ou son abolition dépendaient uniquement, d'après lui, d'une entente spéciale entre les gouvernements français et anglais d'une part et le gouvernement khédivial de l'autre. Il prétendait que cette institution, par suite de son dualisme et de son caractère quasi politique, avait déterminé des abus administratifs incontestables, soulevé les susceptibilités légitimes des Égyptiens et qu'elle avait eu pour résultats de porter atteinte, dans des proportions dangereuses, à l'autorité du gouvernement vis-à-vis du pays. La fin de cette note ne pouvait pas laisser d'illusions à la France, puisque Chérif Pacha concluait : « Le gouvernement égyptien espère que la gravité de ces inconvénients n'échappera pas à l'attention du gouvernement de la République et qu'il voudra bien reconnaître avec son esprit habituel d'équité

la nécessité qui s'impose d'abroger les décrets des 15 novembre 1879 et 18 novembre 1876, l'un dans son entier, l'autre en ce qui a trait au contrôle. »

Le cabinet anglais allait prendre soin d'insister encore pour le cas où M. Duclerc n'aurait pas été disposé à tenir compte des réclamations égyptiennes. Lord Granville rappela dans une note du 8 novembre les origines et le développement du contrôle anglo-français. « Il en est résulté, dit-il, la présence dans le Conseil des ministres de deux Européens nominalement fonctionnaires du khédive, mais choisis par deux gouvernements étrangers et dépendant de leurs gouvernements quant à leur maintien en fonctions sans aucune responsabilité précise vis-à-vis de ces gouvernements et aussi sans caractère représentatif. »

Il faut bien reconnaître qu'il y avait là une situation assez particulière mais on ne saurait contester non plus qu'elle eût singulièrement rétabli le crédit de l'Égypte. Les scrupules de l'Angleterre étaient donc au moins excessifs. On était même d'autant

plus fondé à les trouver tardifs et déplacés
que si lord Granville ne croyait pas bon de
revenir au système du contrôle, il ne jugeait
néanmoins pas prudent pour le khédive de
s'en remettre à un avis égyptien. Il ne formulait d'ailleurs pas encore de conclusions,
mais elles se dégageaient suffisamment de
l'ensemble de sa note pour préoccuper le
ministère français.

Les dispositions manifestées par la presse
de Londres ne pouvaient qu'augmenter
encore ses inquiétudes. Le 14 novembre 1882,
M. Gladstone déclara à la Chambre des
communes que l'effectif des troupes anglaises
laissées jusqu'à nouvel ordre en Égypte
avait été réduit depuis le 4 novembre à
12,000 hommes. Il ajouta que *cette occupation ne serait que provisoire* et que le cabinet
de Londres en déterminerait prochainement
les conditions d'accord avec le gouvernement égyptien. Cette affirmation n'eut pas
l'heur de plaire aux journaux anglais ou du
moins elle ne leur sembla pas une de ces
opinions que l'on doit laisser s'accréditer.
Le *Standard* et le *Times* du 15 novembre

s'empressèrent de dire qu'ils ne croyaient pas que l'occupation de la vallée du Nil par les troupes anglaises fût seulement provisoire. « Pour notre part, écrivait le *Times*, nous n'avons aucun désir de voir surgir tout à coup en Égypte des institutions qualifiées de noms plus ou moins pompeux. *Nous savons que par la force même des choses l'influence anglaise s'affirmera et s'augmentera dans ce pays. La confiance que la nation a accordée au gouvernement repose sur cette conviction. La question égyptienne, comme bien d'autres, se résoudra d'elle-même si nous sommes patients et si nous pouvons garder le silence. L'état de choses provisoire dont a parlé M. Gladstone prendra avec le temps une forme plus définie.* »

Malgré des symptômes aussi alarmants, M. Duclerc ne se décourageait pas et poursuivait avec fermeté les négociations relatives au contrôle. « On allègue contre cette institution, disait-il, des appréhensions plutôt que des griefs et, quel que soit mon désir de me trouver en communion d'idées avec le gouvernement anglais, je ne crois pas qu'on puisse établir une balance entre les avantages réels constatés par une pratique déjà longue et des inconvénients d'avenir incertains et discutables. » Afin de témoigner les sentiments qui l'animaient, notre ministre consentait cependant à abandonner le contrôle, mais à la condition qu'il fût remplacé par quelque autre institution « inspirée du même esprit et offrant pour la France au même titre que pour l'Angleterre des garanties analogues ».

On ne pouvait en effet songer à nier que la France fût, en Égypte, en possession d'une situation acquise qui résultait tout à la fois de nos intérêts dans ce pays, du rôle que nous y avons joué en tout temps et plus spécialement des arrangements de 1876 et 1879. L'idée qui ressortait de ces accords était celle qui avait pendant longtemps inspiré les deux cabinets de Paris et de Londres d'abdiquer toute rivalité et d'unir l'action des deux pays dans une pensée commune de sauvegarde pour les intérêts européens et de progrès pour la civilisation locale. « *En intervenant pour réprimer une sédition mili-*

taire l'Angleterre, a-t-elle entendu, deman-
dait M. Duclerc, se dégager de ses accords
antérieurs, répudier le concours de la France
et se charger seule désormais de l'œuvre pour-
suivie jusqu'alors en commun ? C'est de la
réponse que le gouvernement britannique ju-
gera devoir faire à cette demande que doit dé-
pendre à mes yeux la solution de toutes les
questions pendantes. »

Il était impossible de rappeler avec plus de
précision et de sage prudence à la fois le
problème qu'avait posé la conduite du gouvernement britannique. Par une dernière
tentative de conciliation qui était en même
temps une mise en demeure, M. Duclerc
s'efforça de le résoudre. Le 24 novembre 1882, il chargea M. Tissot, si le cabinet anglais jugeait plus conforme à ses
convenances ou à ses impressions du moment de reprendre sa liberté d'action, de l'a-
vertir que nous pourvoirions nous-mêmes à
la sauvegarde de nos intérêts. Si, au contraire,
il sentait la nécessité de tenir compte des
droits et des susceptibilités légitimes d'un
ancien allié en rétablissant sur les bases pré-

cédentes ou sur des bases analogues notre entente passée, le ministre se déclarait prêt à discuter les propositions qu'on lui ferait avec les dispositions les plus amicales. « Mais dans un cas comme dans l'autre, terminait M. Duclerc, il ne serait digne ni de l'Angleterre ni de nous de poursuivre des discussions de détails, source d'équivoque et de malentendus tant que le point essentiel qui seul peut servir de base utile à nos pourparlers n'aura pas été franchement abordé et résolu. »

Lord Granville comprit cette fois que la patience allait nous manquer. Sortant de la réserve excessive qu'il avait jusqu'alors observée, sous le prétexte que les demandes de compensation devaient venir de nous, il se décida le 25 novembre à faire une proposition formelle ; c'était l'offre de la présidence de la commission de la dette publique. Comme s'il sentait l'insuffisance de ce dédommagement, il laissa entendre à M. Tissot que les attributions de cette commission pourraient être élargies à la suite d'un accord, ce qui, en lui donnant plus d'importance, aug-

menterait par suite celle de son président.
« On pourrait par exemple, dit-il, transférer
à cette commission, au moins pour une période plus ou moins longue, tout ou partie
des attributions actuelles de l'administration
du domaine et de la Daïra. »

Le gouvernement anglais avait la générosité facile puisqu'il offrait en cette occasion
ce qui ne lui appartenait pas exclusivement.
C'est ce que lui fit remarquer M. Duclerc.
« Le contrôle de la Daïra, écrivit-il à notre
ambassadeur, créé par un contrat intervenu
entre le gouvernement égyptien et les représentants de ses créanciers, est devenu l'un des
éléments de la loi de liquidation et il ne saurait, à mon avis, y être porté atteinte sans
le consentement unanime des puissances intéressées. Quant à l'organisation des do-
maines, elle repose sur un arrangement conclu avec l'assentiment des cabinets de Paris
et de Londres et elle ne pourrait être modifiée
elle-même sans le consentement de tous les
souscripteurs de l'emprunt domanial. »

Réduite à de semblables proportions, les
offres anglaises ne pouvaient donc pas ré-

pondre à nos aspirations légitimes et le ministre français n'y voulut voir avec raison qu'une tendance du cabinet britannique à chercher un terrain d'entente. Il espérait encore que des propositions réellement acceptables nous seraient faites et il assurait qu'on les examinerait « dans un esprit de conciliation sincère. »

VI.

Ces propositions ne devaient jamais se produire. On entrait désormais dans la période des récriminations toujours courtoises et des réserves indispensables pour l'avenir.

Lord Granville, bien décidé maintenant à poursuivre ses projets sans tenir compte des réclamations françaises, déclara le 30 décembre que, d'après lui, le contrôle n'ayant jamais été destiné à favoriser aucun intérêt séparé ou spécial de la France ou de l'Angleterre « il ne s'était pas cru autorisé à chercher ce qu'on pourrait appeler en propres termes une compensation pour son abolition ». Ce qu'avait en vue son gouvernement, dit-il, c'était de libérer le khédive de la gêne où le plaçait le contrôle tout en croyant raisonnable d'accepter et de rappeler le désir manifesté par Tewfik Pacha de recourir temporairement au concours des Européens dans l'administration générale de ses finances. Il lui semblait probable, à vrai dire, que le vice-roi choisirait un Anglais pour son conseiller. Mais ne serait-ce pas là, demandait le principal secrétaire d'État, « un résultat tout naturel des circonstances qui avaient laissé à l'Angleterre le soin de représenter les intérêts européens aussi bien qu'égyptiens dans la restauration de l'ordre et de pourvoir aux garanties nécessaires à son maintien? »

C'était la première fois que l'Angleterre se prévalait officiellement de la situation et des avantages particuliers que lui avait créés son intervention en Égypte. Il eût été puéril de les contester et jamais M. Duclerc n'y devait songer. Mais, confiant dans les protestations de désintéressement prodiguées par le gouvernement anglais il lui avait toujours attribué comme but non pas « l'établissement » au Caire de l'autorité britannique, mais le « rétablissement » des institutions mises en péril par les révoltes et particulièrement de celles qui avaient un caractère international. Le 30 décembre 1882, lord Granville lui permettait brusquement de lire dans son jeu et signifiait son congé à la France en lui disant qu' « en dehors de toutes les objections qui pourraient être faites en principe à ce qu'on le considérât autrement que comme un expédient temporaire le système du contrôle ne saurait bien fonctionner alors que, sur trois parties à l'arrangement, deux d'entre elles sont fermement opposées à son maintien. »

Par une affirmation aussi catégorique, l'Angleterre introduisait une légère modification à la théorie dont nous avions déjà fait une cruelle épreuve. Elle se bornait à déclarer, qu'à ses yeux, *le fait primait le droit.* Que pouvaient valoir après cela les espérances manifestées par lord Granville d'un accord ultérieur possible?

M. Duclerc ne voulut pas laisser le moindre doute sur les résolutions que lui commandait la dignité de la France. Ce n'était pas sans regrets qu'il envisageait les conséquences du parti pris par l'Angleterre de rompre les liens d'une coopération qui avait produit beaucoup de bien et empêché beaucoup de mal. Mais, comme il le reconnaissait, « l'heure de la discussion était passée et l'avenir seul restait chargé de mettre en lumière les conséquences du changement qu'on allait introduire dans une politique consacrée par une longue et heureuse épreuve ». Il n'entendait donc pas revenir sur un débat épuisé.

Il se borna dans sa note du 4 janvier 1883 à dégager notre responsabilité tout en réservant nos droits. Il protesta hautement contre les prétentions anglaises d'admettre que des obligations synallagmatiques intervenues entre trois États pouvaient être modifiées sans le concours et l'assentiment de toutes les parties contractantes. Il tint surtout à repousser avec énergie le reproche que lui avait adressé lord Granville de considérer que le contrôle fût destiné à favoriser un intérêt spécial de la France et de l'Angleterre. « Notre intime conviction, dit-il, est que le consortium des deux pays est nécessaire pour assurer les résultats désirés par tous. *Ce n'est donc pas en vue d'un but séparé mais dans l'intérêt de l'Égypte aussi bien que des autres puissances que nous avons dû nous préoccuper des équivalents qui seraient attribués à la France au cas où son rôle dans les institutions actuelles viendrait à être modifié.* » Puis, afin de dissiper toute équivoque et de ne pas laisser planer sur sa conduite le moindre soupçon, il concluait en ces termes : « *C'est dans ce cas que le mot de compensation a été employé par nous et nos correspondances ne permettent aucun doute à cet égard.* »

Il faut garder à M. Duclerc un souvenir reconnaissant pour la correction loyale de son ministère. Arrivé au pouvoir dans des circonstances difficiles, alors que le désarroi d'une Chambre laissée sans direction paraissait devoir porter à notre prestige une atteinte irréparable, le président du Conseil a su trouver le calme nécessaire pour conduire de délicates négociations. Soutenu par sa foi dans les destinées de notre pays il a cherché tout d'abord à dissiper l'impression que la France renoncerait facilement à son rôle en Égypte. Puis il a lutté pied à pied contre les prétentions anglaises dont il a fait justice par la clarté de sa logique et la vigueur de ses arguments sans se départir toutefois d'un esprit de conciliation indéniable. Lorsqu'enfin il s'est vu, par la faute du gouvernement anglais, obligé de reprendre notre liberté d'action il a mis fin avec dignité à des pourparlers dont nous n'avions plus rien à attendre.

Si le ministre français n'a pas triomphé dans cette lutte il faut du moins le féliciter de l'avoir soutenue avec une compréhension aussi juste de ce qu'exigeait l'honneur national. La prudence qui nous conseillait alors d'éviter les complications inutiles nous faisait un devoir aussi de ne pas laisser amoindrir notre influence au dehors sans protester pour des temps meilleurs. C'est ce qu'a parfaitement compris M. Duclerc et c'est pour avoir pratiqué cette politique de modération et de prévoyance qu'il a bien mérité de son pays.

CONCLUSION

L'Angleterre se trouvait provisoirement débarrassée de la France. Mais si elle avait su, grâce à la décision et à l'énergique audace de ses ministres, acquérir en Égypte une situation privilégiée, elle devait s'attendre à des difficultés de la part du suzerain de ce pays. Abdul Hamid, en effet, ne pouvait pas laisser sans protester s'implanter au Caire une influence qui portait à la sienne une atteinte aussi complète. Ses instances ont obtenu de la Grande-Bretagne les mêmes promesses d'évacuation que l'on nous avait faites et dont suivant un éminent publiciste « les livres bleus et les livres jaunes regorgent littéralement ». En 1887 même, sir Henri Drummond Wolf a rédigé un traité qui fixait une date précise au départ des forces britanniques. « L'Angleterre, dit M. de Pressensé, y stipulait la réoccupation éventuelle à des conditions qui en faisaient dépendre l'accomplissement de sa seule volonté. Le traité ne fut pas ratifié. »

Depuis ce moment les ministres anglais n'ont pas renié les engagements de leurs prédécesseurs, ils en ont même pris de nouveaux. Seulement ils ont eu soin d'ajouter qu'ils ne sauraient laisser compromettre l'œuvre entreprise par leur pays en Égypte. On doit rendre cette justice à quelques esprits supérieurs qu'ils préféreraient pour le bon renom de leur patrie la « politique des mains pures. » Pourquoi faut-il que M. John Morley n'ait pas pu la faire pratiquer par ses amis quand ils avaient le pouvoir?

On est bien obligé de le reconnaître, en effet, libéraux et conservateurs n'ont rien à se reprocher à cet égard. S'ils ont pu différer d'avis sur la question d'Égypte, leur divergence était purement théorique, leur conduite a été la même. L'expédition de Dongola décidée par le ministère Salisbury semble une preuve de plus qu'elle n'est pas sur le point de changer.

Faut-il donc se décourager à jamais et renoncer à voir le triomphe de la bonne foi internationale? Ce serait une lâcheté indigne d'un homme d'État. Elle n'est heureusement venue à l'esprit d'aucun de ceux qui ont la délicate mission de résister aux espérances de l'Angleterre.

Sous la face où la question d'Égypte se présentait en janvier 1883 nous la retrouvons aujourd'hui. C'est la raison pour laquelle j'arrête à cette date le récit des négociations. Rien, en effet, n'est venu depuis lors modifier le point de droit. Le temps ne saurait faire fructifier un germe qui n'existe pas et, pas plus que la nature, un groupement politique ne peut faire sortir quelque chose de rien. La protestation de M. Duclerc, en ces jours où l'Angleterre triomphante semblait donner à sa seule volonté une valeur morale capable d'imposer une solution, demeure celle que l'on doit élever chaque fois que les circonstances l'exigent. Tous les caprices des gouvernants et les aspirations populaires ne pourront pas prévaloir contre l'éternelle justice qui, en dépit de disparitions momentanées, domine l'histoire du monde.

L'Angleterre quand elle est intervenue en Égypte s'est engagée à ne pas y demeurer toujours. Cette parole subsiste malgré tout et c'est ce que l'on doit constamment rappeler aux hommes d'État de ce pays.

Le seul côté du problème égyptien qui se présente sous un nouveau jour est donc le point de fait, mais le terrain des faits est essentiellement mobile et ce qui sert la veille les intérêts d'un peuple peut le lendemain se retourner contre lui. La Grande-Bretagne a semblé, jusqu'à maintenant, avoir sur les bords du Nil toutes les indulgences de la majorité de l'Europe. Qui peut l'assurer à jamais d'une insensibilité aussi complète aux empiétements qu'elle se permet un peu partout?

Déjà, quand il s'est agi de protéger les garanties des créanciers de l'Égypte, le commissaire russe a joint ses protestations aux nôtres et cette opposition énergique a donné l'occasion aux tribunaux d'assurer le cours de la justice humaine et de redresser une manière de voir que la Triple alliance avait cru bon d'accepter. Tout en s'inclinant d'ailleurs, *sur ce point seulement*, devant les prétentions anglaises, les agents de ces mêmes puissances n'ont pas permis de conclure de leur attitude à un acquiescement complet aux desiderata des gouvernements britanniques en Égypte. L'Europe saurait-elle accueillir avec indifférence la menace proférée en plein parlement de détruire une juridiction trop indépendante au gré des maîtres provisoires des destinées égyptiennes ?

N'est-il pas plus probable, au contraire, qu'un aveu aussi imprudent de projets dès longtemps caressés peut encore l'éclairer sur la nécessité de modifier sa politique, non pas à l'avantage de notre pays (car la France ne désire pas prendre au Caire la place de la Grande-Bretagne) mais conformément à l'équité comme aux besoins de l'Égypte. Qu'une seule des grandes puissances vienne se joindre à la France et à la Russie, que l'Allemagne, par exemple (qui n'a pas l'air d'accepter sans réserve les procédés d'extension chers à l'Angleterre) trouve sur ce point une entente possible comme celle obtenue dans l'Extrême-Orient, et du coup disparaît cette situation de fait que le cabinet de Londres semble croire à jamais établie.

Aussi bien l'Italie pourrait-elle s'inquiéter à son tour de voir combien peu la Grande-

Bretagne prend souci des intérêts d'autrui aussitôt qu'ils ne concordent plus avec les siens. Elle en a fait une pénible expérience au moment de ses difficultés en Abyssinie et la sagesse de ses gouvernants actuels peut, à cet égard, lui éviter d'autres mécomptes.

La roue de la fortune est changeante et l'Angleterre pas plus qu'un autre pays ne saurait avoir la prétention de la fixer. La force et la contrainte ne sont pas les meilleurs moyens de donner à son autorité des fondements durables. Ce sont ceux pourtant qu'elle a dû employer au Caire alors qu'elle y était allée sous couleur de faire triompher les véritables aspirations nationales de l'É-gypte. Après ses premières révoltes contre les exigences du représentant britannique, l'absence de sympathies déclarées a engagé le khédive Abbas à se soumettre en apparence tout au moins. N'est-il pas permis de penser que ce souverain écouterait volontiers les encouragements de son peuple s'il croyait trouver auprès de l'Europe des dispositions favorables ?

Quel que soit d'ailleurs l'avenir, la

France demeure dans la question égyptienne le soldat du droit et de la justice. Elle se trouve dans cette heureuse situation que ses intérêts sont ceux de l'Europe entière et ceux de l'Égypte elle-même. Le quai d'Orsay a vu passer bien des ministres, le même esprit a toujours animé ses hôtes de quelques mois. Mais le caractère de chacun donnait à ses actes une note personnelle. Malheureusement pour nous, à l'heure critique, ce fut la faiblesse et l'ondoyante indécision. Ainsi a pu se produire l'intervention unique dont le poids se fait sentir chaque jour.

Il est vrai que des énergies plus viriles ont su protester depuis pour empêcher une prescription que rien n'autorise. Espérons qu'un jour viendra où les promesses bien des fois répétées seront enfin tenues et où l'Égypte déclarée majeure par des tuteurs à qui semble peser la reddition des comptes de tutelle pourra cesser d'être un objet de discorde pour devenir, libre du joug étranger, la nation prospère dont les prodigalités d'Ismaïl ont retardé le développement.

TABLE

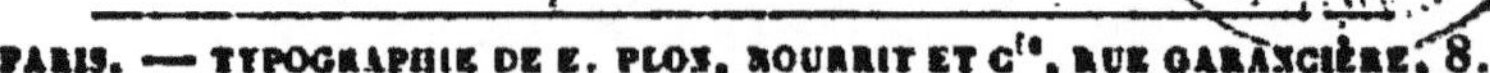

PARIS. — TYPOGRAPHIE DE E. PLON, NOURRIT ET Cie, RUE GARANCIÈRE, 8.